小学館文庫

アラスカ　永遠なる生命

写真・文　星野道夫

小学館

目次

●本書は、星野道夫が撮影した写真と、一九八一年〜九六年に発表したエッセイにより構成した。
●エッセイの出典は巻末に記した。

星野道夫の旅したアラスカ
北極海
ボーフォート海
コンガクット川
ーチン岬
ターナ川
ェルソン山
2816
ブリティッシュ山地
ダビットソン山地
シーンジェック川
イヌビク
北極点
オールド・
クロー
ポーキュパイン川
リチャードソン山地
北極圏
アラスカ
日本
フォート・ユーコン
サークル
オギルビー山地
マッケンジー山脈
キール山
2972
ユーコン川
アバンクス
セルウィン山脈
サー・ジェームス・
マクブリーン山
2758
ビッグ・デルタ
ドーソン
メーヨー
グレイ・ハンター山
2214
タナナ川
タナクロス
ガルカナ
ビーバー・クリーク
カナダ
ランゲル山地
ボナ山
5005
ホワイトホース
チュガッチ山脈
バルディーズ
ローガン山
5959
コルドバ
セント・エライアス山
5489
スカグウェー
プリンス・ウィリアム湾
ヘインズ
ンターグ島
フェアウェザー山
4663
グレイシャーベイ
ジュノー
コースト山脈
グレイシャーベイ国立公園
チチャゴフ島
アドミラルティ島
シトカ
バラノフ島
ポート・アレキサンダー
ピーターズバーグ
リビラジケド島
プリンス・オブ・ウェールズ島
アラスカ湾

北極海
バロー岬
ウインライト
プルドー・ベイ
チュクチ海
リスボン岬
ウミアト
ホープ岬
ポイント・ホープ
ティ・ロング山地
コルビル川
ブルックス山脈
ロシア
ノアタック川
キバリナ
ベアード山地
ドーネラック山
2320
コッビュー湾
エンディコット山地
デジニョフ岬
ウェレン
コツビュー
コバック川
ワイズマン
ベーリング海峡
シシュマレフ
ベトルズ
ウェールズ
プリンス・オブ・ウェールズ岬
デアリング
シュアード半島
アラスカ
レイ山地
ノーム
タナナ
セント・ローレンス島
ラビ
ニナナ
ノートン湾
ユーコン川
デナリ国立公園
ルース氷河
アラカナク
ワンダー湖
ローマンゾフ岬
デナリ山(マッキンレー山)6194
フォーレイカー山
5302
マウンテン・ビレッジ
カスコウィム山地
アラスカ山脈
タルキートナ
ガーディン山
3431
ベセル
アンカレジ
キルバック山地
キーナイ
リダウト山
3108
カスコウィム湾
クック湾
シュアード
ホーマー
イリアムナ湖
プラチナム
カミシャック湾
ディリンハム
マクニール川
ニューエンハム岬
ナクネック
ミクフィック川
アリューシャン山脈
カトマイ山
2047
ブリストル湾
カトマイ国立公園
ベーリング海
ポート・ハイデン
アラスカ半島
コディアック島
ベニアミノフ山
2507
トリニティ諸島

カリブー

Caribou

カリブーとの出合いは、
“間に合った”という不思議な
思いをぼくに抱かせた。
あと50年、あと100年
早く生まれていれば…
過ぎ去った時代に
思いを 馳せる時、
ぼくはいつも
そんな気持ちにとらわれてきた。

秋のカリブー。骨質の硬い角が現れている。

アラスカ北極圏、コンガクット川上流の谷をゆくカリブーの群れ。

川を渡るカリブー。旅の途中には、いくつもの大きな川が待ち受けている。

カリブーの旅 一九八五年

Caribou Migration, 1985

北極海からまともに吹きつける風は、もう気が狂ったかのようだった。遮るものがないアラスカ北極圏の大地に一メートル五〇センチほどのぼくのテントだけが露出し、まるでこの風を一手に受け止めているような気がしてくる。

五月のアラスカ北極圏。ぼくはカナダからやってくるであろうカリブーの群れを待っていた。もう二週間がたっている。広大なこの土地で、どこを通るかわからないカリブーの旅に出合うのはやはり難しいのだろうか。一〇〇〇キロもの季節移動をする極北の放浪者。

その年の雪の量、きびしい冬であったか否か、そして雪解けの早さ……それらが複雑にからみ合い、ある日、カリブーは冬の生息地を離れ、北へ向かって長い旅に出る。出産のために、彼らはいったいどのルートをとり、アラスカ北極圏に入ってゆくのか。ぼくはこの広大なアラスカ北極圏の中で点になって待つしかない。

シュラフにもぐりこんだ。風が唸《うな》り声をあげている。眠る前にもう一度外を確かめようと思った。シュラフに入ったまま体を乗り出し、テントの入り口を開け、顔を出した。強風が雪を拾い、地吹雪になって目が開けられない。山頂から稜線《りょうせん》に沿って何かがうごめいている。何だろう。目をこらすとそれは一列になり、まるで鎖のように山の麓《ふもと》まで延びていた。ぼくはあわててカメラをザックに詰めこみ、吹き飛ばされそうなテントのことも忘れて飛び出した。スノーシュー（注・輪かんじき）を履いていても、深雪に足をとられ、気持ちばかりが先走る。川岸に着いた。ここからなら見渡せる。雪をかき分け、三脚を立てて座りこんだ。風の抵抗などほとんど受けるはずのない三脚が、手を離すと飛んでいきそうになる。いったいなんという風なのだ。先頭のカリブーはすでに川まで下りているだろう。しかし、地吹雪で何も見えないのだ。もう夜の十二時を回っているのにオレンジ色の太陽が真正面に輝いている。白夜の北極圏、太陽はもう沈まない。見上げれば、山の稜線から続く一本の線にまるで切れ目がない。あの山の向こうにはどれだけのカリブーが続いているのだろうか。一瞬、風の切れ目がブリザードのベールを払いとり、逆光の中で、川を渡ろうとするカリブーの行進がシルエットに浮かび上がった。

このシーンが忘れられない。ぼくはこの時、はじめて野生動物を見たという不思議な思いがした。人間の手のまだ及ばぬ場所で繰り返されてきた、自然のもつ圧倒的な気配があった。自分のアラスカを一枚の写真で見せろと言われたなら、ぼくは今でもこのブリザードの中のカリブーを選ぶだろう。その後の自分の方向を決めてしまう、何か、自然に仕組まれたような夜だった。

ぼくはカリブーに惹《ひ》かれ、それはいつの間にかアラスカの中で一番大きなテーマとなっていた。カリブーは、その狩猟生活に生きるエスキモー（注・イヌイット）、アサバスカンインディアンも含めた、極北の生態系の核のような気がする。その生存のために広大な土地を必要とするカリブーは、北極圏の将来と運命をともにしてゆくだろう。

うなほど強い風が吹いていた。

白夜の淡い光を浴びて、ブリザードの中を進むカリブー。三脚が飛ばされそ

地衣類を食(は)むカリブー。

ワイルドクロッカス

川沿いの土手を散歩すると、ワイルドクロッカスの花が毎年顔を出す場所があった。春一番に咲く薄紫色のその花が、私は好きだ。その場所でその花を確かめると、なぜかホッとした。一カ月も一人で過ごすキャンプ生活で、そんな小さなことが気持ちを和ませた。

カリブーの旅が限りない不思議さを与えてくれるように、その花もまた同じ思いを私に抱かせた。誰も見てはいないのに、毎年春になると、地の果てのようなその谷で、その花はつぼみを開かせる……自然とはそういうものだとわかっていても、私はそのことがおもしろく、やはり不思議だった。

五年前、アラスカで死んだ友人のカメラマンの灰を、一本のトウヒの木の下に仲間で埋めたことがある。そこはマッキンレー山に近い、イグルーバレイと呼ばれる谷だった。灰を埋めた小さな丘から、トウヒの森が見渡せた。彼が一番好きな場所だった。

この世に生きるすべてのものは、いつか土に返り、また旅が始まる。有機物と無機物、生きるものと死すものとの境は、いったいどこにあるのだろう。

いつの日か自分の肉体が滅びた時、私もまた、好きだった場所で土に返りたいと思う。ツンドラの植物にわずかな養分を与え、極北の小さな花を咲かせ、毎年春になれば、カリブーの足音が遠い彼方《かなた》から聞こえてくる……そんなことを、私は時々考えることがある。

冬の間、花々の鮮やかな色はどこに潜んでいたのだろう。

をぐらつかせながらもやっと立ち上がり、必死に母親の乳首を探していた。

出産後のカリブーの母親が胎盤を食べている。生まれたばかりの子どもは足

春の知らせ

Signs of Spring

ある日の夕暮れ、山からカリブーの小さな群れが下りてきました。三十〜四十頭ほどだったと思います。遠いカナダ北極圏の森林地帯から一〇〇〇キロ以上もの旅をしてきたのです。その群れはすべて雌のカリブーで、ほとんどが身ごもっていたはずです。十年近くカリブーを追ってきたのに、まだ出産のシーンを見たことがありませんでした。広大なアラスカ北極圏で、ぼくはどこか一点でしか待てず、カリブーはいつも動き続けているので、その出産に出合うことはとても難しいのです。

ところが、テントの中から双眼鏡で眺めていると、一頭のカリブーが群れのペースから遅れ、その行動がおかしいのです。あわただしく、横になったり、立ち上がったりしています。出産が近いと思いました。撮影できる距離ではないし、テントの外に出れば怖がらせてしまうので、双眼鏡を握りしめ、祈るような思いで待ちました。ほかのカリブーはそのまま移動を続け、すでにツンドラの彼方へ消えていました。

突然、カリブーが起き上がると、雪原に黒い小さな塊が転がったのです。あわててザックにカメラを詰め、そーっとテントを這《は》い出て、カリブーがはっきりと見える距離までツンドラを這うようにして近づきました。時間は零時近かったと思いますが、北極圏はすでに白夜の季節に入っていて、沈まぬ夕陽《ゆうひ》が雪原を照らしています。羽毛服を着込んでいるのに、切れるような寒さが身にしみました。

母親は新しい生命を必死になめまわしていましたが、やがて立ち上がって授乳の体勢に入ると、子カリブーはぐにゃぐにゃとよろけながらも母親の乳首に食らいついていきました。体力を使い果たした母親は、ツンドラの上に落とした自らの胎盤を食べています。地平線をすべっていた夕陽がそのまま朝陽になって昇り始めるころには、子カリブーはおぼつかない足取りで母親の後をついて歩き始め、いつのまにか視界から消えてゆきました。

小さな子カリブーの死骸《しがい》を、凍結した川岸で見つけたのはそれから数日後のことでした。オオカミかクマに殺《や》られたのか、それとも自然死だったのか、いずれにせよ体の半分はすでに食べられていました。カリブーの子どもの死亡率は、出産後の一週間に集中しています。生きのびられるかどうかの分かれ目の時間なのです。その死体が、ぼくが出産を見た時のあの子カリブーかどうかはわかりませんでした。けれども、生と死の風景があまりにもわかりやすかったことに呆然《ぼうぜん》としたのは今でも覚えています。

オオカミやグリズリーがまだ走ることのできない子どもを狙っている。

できるだけ早く母親についていけるようになること、それが生存の鍵である。

北極圏ターナ川河口にて
——日記より

At the Estuary of Turner River in the Arctic Circle

9：00am過ぎ、アラスカ野生生物局の研究者、ケン・ウィテンがスーパーカブ（二人乗りの小型飛行機）で現れ、テント近くの河原に着陸した。ここから二〇マイル東に約十万頭のカリブーの大群がいるという。こちらに移動してくるか、北極海沿いにカナダへ向かってしまうかわからないとのこと。わざわざその情報をもって飛んできてくれたのだ。失敗し続けながら、もう十年近くカリブーの旅を記録しようとしているぼくを、ケンはいつも助けてくれた。「カリブーの行方は誰も予想がつかない。風向きによってさえ変わるからね。しかし、これは巨大な群れだ。幸運を祈るよ！」

ケンはそれだけ言い残すと、再びスーパーカブで飛び去っていった。

1：00pm過ぎ、ベースキャンプに近い、見晴らしのきくツンドラの丘へ登った。Tシャツが汗で濡《ぬ》れてくる。双眼鏡で見渡しても、気の遠くなるようなツンドラの広がりに一頭のカリブーさえ見あたらない。ザックをおろし、土の上に寝転んだ。十センチほどの目の前を名も知らぬ小さな虫たちが動き回っている。二十四時間の太陽エネルギーを浴びた地表は暖かかった。テルモスのコーヒーをすすり、ビスケットをかじる。カリブーはカナダへ向かわず、こっちへ来るような気がした……。
2：45pm。川向こうのツンドラの彼方《かなた》に砂ぼこりが見えた。思わず起き上がり、双眼鏡を握りしめ、目をこらした。津波のようなカリブーの大群が向かってくる……。
4：00pm。あたりはもうカリブーの海だった。ほとんどの雌のカリブーが春に生まれた子どもを連れている。まだうぶ毛におおわれたような子どもは、川を渡り終えると、まるで踊るように跳び上がりながらまっすぐこちらへ走ってくる。いったい何がそんなに嬉《うれ》しいのだ。暖かい夏の陽光か、それとも、なんとなく思いきり大地を蹴《け》ってみたかったのか。目の前まで走ってきたカリブーは、ツンドラに座りながら写真を撮るぼくに次々と足を止め、不思議そうに見つめながら再び走り過ぎてゆく。親子の呼び合う声が和音となり、あたり一帯を押し包んでいた。
7：00pm。すべての群れが通り過ぎ、視界には一頭のカリブーもいない。アラスカの自然が見せてくれるこの動と静の世界にただ圧倒されていた。残雪や土に残された無数の足跡だけが、数時間に及んだ壮大なドラマの気配を漂わせている。大地は急に空っぽになり、ぼくの気持ちだけは満たされていた。カリブーの足跡をたどるように歩いていると、目の前の草むらから、突然一羽のシギが飛び立った。足もとをのぞきこめば、孵化《ふか》したばかりの二羽のヒナが、極北の夏の光を浴びていた。

母親の後について、カリブーの子どもが川を渡り終えた。

春に生まれた子ども。暖かい夏の陽光を浴びて…。

秋になると、角を覆っていたビロード状の皮がはがれ落ち、硬い角になる。

カリブーの繁殖期。雄同士が角をからませて力を競う。

カリブーの旅

Caribou Migration

地平線の彼方から現れたカリブーの群れは、やがてツンドラを埋め尽くし、まっすぐ私のベースキャンプに向かってくる。一万頭、二万頭、いや五万頭はいるだろうか。気の遠くなるような北極圏の広がりの中で、この光景を見つめているのは自分しかいない。いつしかあたりは低く唸《うな》るような不思議な声に包まれ、気がつくと私はカリブーの海の中にいた。

いつも、いつも、遅く生まれすぎたと思っていた。かつてアメリカの大平原を埋め尽くしていたバファローは消え、それとともに生きていたアメリカインディアン(注・ネイティブ・アメリカン)も大地とのかかわりを失い、あらゆる大いなる風景は伝説と化していった。人間は二十一世紀を迎えようとしているのである。が、今私の目の前を、カリブーの大群が何千年前と変わりなく旅を続けているのを見て、何かに間に合ったような気がしたのである。

きっと人間には、ふたつの大切な自然がある。日々の暮らしの中でかかわる身近な自然、それはなんでもない川や小さな森であったり、風がなでてゆく路傍の草の輝きかもしれない。そしてもうひとつは、訪れることのない遠い自然である。ただそこに在るという意識を持てるだけで、私たちに想像力という豊かさを与えてくれる。そんな遠い自然の大切さがきっとあるように思う。

カリブーの大群はベースキャンプを通り過ぎ、やがて別の地平線に消えていって、見渡す限りのツンドラは一頭のカリブーもいなくなった。〝風とカリブーの行方は誰も知らない〟というインディアンの言葉をふと思い出していた。

私はカリブーがいなくなった地平線を見つめながら、深い感動とともに、消えてゆくひとつの時代を見送っているようなある淋しさを覚えていた。

いつの日か、この極北の地に憧《あこが》れてやってきた若者は、遅く生まれすぎたことを悔やむのだろうか。

そこから見えてくるものを大切にしてゆきたいと思う。

自分自身の短い一生とカリブーの旅が、どこかで触れ合っている。そして、

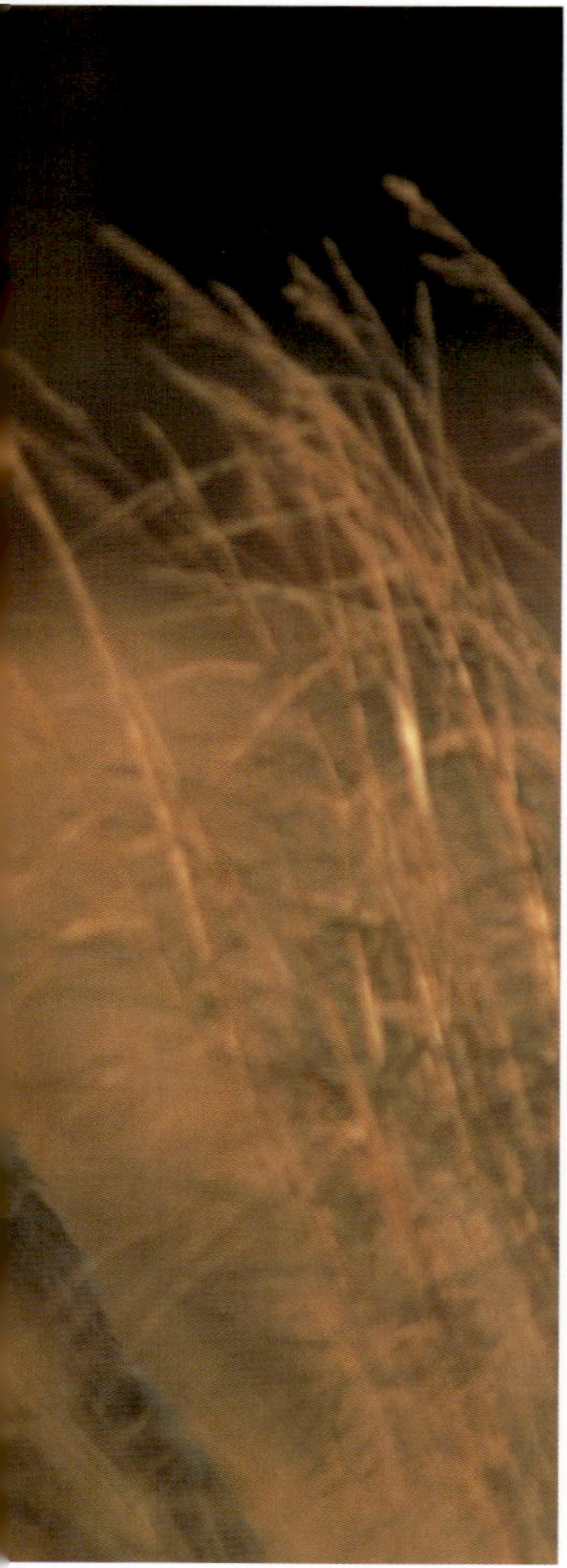

グリズリー

Grizzly Bear

果てしなく続く
ツンドラの起伏のなかに、
灰褐色の大きな塊が
動いているのが目に入った。
はじめて見るグリズリーだった。

グリズリーが黄金色の草むらの中に潜んでいた。

やカモメが飛び込んできた。子グマはびっくりしてしまったのだろう。

グリズリーの親子がサケを食べ終えると、そのおこぼれを狙ってハクトウワシ

テディ

Teddy

七月、南西アラスカのミクフィック川にいた。アラスカ野生生物局でクマの調査をしている友人、ラリー・オーミュラーと一緒だった。ラリーもまた、二十年ほど前にアラスカにやってきて、そのまま住みついてしまった人間だ。アメリカ合衆国としてのアラスカの歴史はまだ新しい。この土地に生きる多くの人びとが、ある時、何かを求めて、アラスカに渡ってきたのである。この旅で、ちょっとしたエピソードがあった。

ある日のこと、ぼくたちは川岸からクマの親子を観察していた。春に生まれた二頭の子グマを連れたグリズリーだった。産卵に上ってくるベニザケを、母グマが必死になって捕まえ、子グマに食べさせている。そのシーンは見ていて飽きることがなかった。ラリーはこの母グマをテディと呼んでいた。長い間このミクフィック川流域のクマの調査をしてきたラリーは、この土地の多くのクマの個体識別をすることができる。

実際、ラリーほど深くクマとかかわった研究者をぼくは知らない。約二十年、毎年夏になると、ミクフィック川流域のクマはひとりの人間と出合い続けてきた。調査という一線を越え、彼と野生のクマとの間にはある種の感情が生まれているような気さえした。それはラリーの生物学者としての資質というより、彼の深い人間性に根ざしたものだった。その是非はともかく、ぼくはラリーを通して、種《しゅ》というものではくくりきれない、それぞれのクマがもつ多様な個性の存在を知った。

しばらくして、母グマは二頭の子グマを連れて少し離れた川岸に上がると、草を食べながらゆっくりこちらに向かってきた。ぼくらがここにいることを知っているはずである。

「もう動かないほうがいい。このままじっとしていよう」

ラリーが小声で言った。母グマは止まる様子もなく、どんどん近づいてくる。ぼくはどうしていいかわからず、しだいに不安になってきた。

するとどうだろう、母グマはぼくたちから六〜七メートル離れた川岸にどっかり腰を下ろしてしまった。そしてサケの群れを待つかのように川面《かわも》を見つめている。はじめ、子グマは心配そうにこちらをのぞいていたが、母親が落ち着いているので、すっかり安心したようだ。そしてしまいには、母親の背中に乗って遊びだしてしまった。ぼくたちはというと、同じように川岸に座って川面を見つめている。対岸から誰かが見れば、人間とグリズリーの親子が、並んで一緒に川岸に座っている風景なのだ。

ラリーは、テディがまだ子グマだった時代から見続けている。近すぎる母グマの気配を感じながら、ぼくはそのことを考えていた。が、人間にとって、野生動物とは、遥《はる》かな彼岸に生きるもの。その間には、果てしない闇《やみ》が広がっている。その闇を超えて、人間と野生のクマが触れ合う瞬間があるものだろうか。

五分もたったろう。浅瀬を上るサケの群れの音がした。母グマはすっと腰を上げ、早足で川に下りていった。

今でも、この時の不思議な時間のことを思い出す。あれはいったい何だったのだろう。あの広い原野で、どうしてぼくたちの隣に座らなければならなかったのだろう。ただそれだけのことなのだが、テディという母グマが強い印象で残った。

七月になり、ミクフィック川流域に再びクマの撮影に出かけた。去年と同じように、アラスカ野生生物局のラリー・オーミュラーが一緒だった。この土地に家をもち、定住生活が始まり、またいつものように夏の撮影もスタートした。

ある日のこと、丘の上に二頭の子連れのクマが現れ、まっすぐこちらに向かってくる。僕たちに気づいた様子がない。二〇メートルほどまで近づくと、気配を感じたか、草むらの中から三頭が並んで立ち上がった。子グマは今年生まれた子どもではない。

「あれ、テディだよ」

川岸で憩う親子づれ。

ラリーがささやいた。三頭は、立ち上がりながらじっとこちらを見つめている。母グマの背に乗るのが好きだったあの子グマは、こんなに大きくなったのだ。去年の不思議な出来事が思いだされた。

一年を経て、同じ親子グマに再び出合う。彼らが過ごした一年と、自分が過ごしたこの一年が重なった。長い冬の日々、ストーブの火をおこし、本を読み、スキーで森を歩き、また、オーロラを見上げていたその時、どこかの山の塒《ねぐら》で、この三頭のクマはひっそりと同じ冬を越していた。あたりまえのことなのに、はじめて気づいたような思いがした。すべてのものに、平等に、同じ時が流れている。こんなふうに感じるのはなぜだろう。

この土地に暮らそうと思い始めてから、まわりの風景が少し変わってきたように感じる。春に南から飛んでくる渡り鳥にも、足もとの花やまわりの木々に対しても、やはり同じような思いをもつ。それを簡単に言えば、何か、とても近いのだ。それはまた、生命《いのち》あるものだけでなく、この土地の山や川、吹く風さえも自分と親しいつながりをもちはじめている。はじめてアラスカにやってきたころ、あれほど高くそびえて見えたマッキンレー山も、今は何か穏やかだ。

子グマはふつう１〜２月に生まれ、３年目の春に母親と別れていく。

子グマにとってはじめての夏。まわりのすべてのものが未知の世界だ。

クマの兄弟

ある朝テントから出ると、遠くの川向こうから二頭のグリズリーがこちらに歩いてくるのが目に入った。撮影をしようと、ぼくはテントの中に入り、カメラの準備をしていた。気持ちは比較的落ちついている。しかし、カメラを持ってテントを出ると驚いてしまった。二頭のグリズリーは、すでに一〇〇メートル近くまで来ているのだ。ぼくがテントの中で準備している間に、全速力で走ってきたにちがいない。ベースキャンプの食料の匂《にお》いを嗅《か》ぎつけたのだろうか。ともかく計算が狂ってしまった。グリズリーはなおも近づいてくる。もう撮影どころではない。両手を振り、大声をあげながら自分の存在を知らせた。突然、二頭のグリズリーは立ち止まり、ほとんど同時に後ろ足で立ち上がった。頭を動かしながらまわりの匂いを嗅いでいる。ぼくが見えないのだろうか。いくらクマは目が悪いとはいえ、ここまで近づいて見えないはずはない。と、二頭のグリズリーは、こちらの存在にやっと気がついたかのように一目散にもと来た方向に走りだしていった。体の力が抜けてしまった。成長した兄弟のクマなのだろう。走る後ろ姿がじつに滑稽だった。ぼくはそれがふたつの点になるまで眺めていた。極北の自然の中で、グリズリーは本当に存在感のある動物だ。

生まれてはじめて見る雪。その中で子グマの兄弟がたわむれていた。

北国の秋

Autumn in the North Country

アスペンやシラカバの葉が黄に色づき、ツンドラの絨毯《じゅうたん》がワイン色に染まると、短いアラスカの秋が始まります。新緑のピークがたった一日のように、紅葉のピークもわずか一日です。原野の秋色は日ごとに深みを増し、さまざまな植物が織りなすツンドラのモザイクは、えも言われぬ美しさです。快晴の日が続き、ある冷え込んだ夜の翌日、あたりの風景が少し変わっていることに気づくでしょう。一夜のうちに、秋色がずっと進んでしまったのです。北風が絵筆のように通り過ぎていったのです。

ブルーベリーやクランベリーの実は熟し、渡り鳥は南への長い旅のため、クマは長い冬ごもりのため、その実をせっせと食べながら脂肪を蓄えます。北の自然の恵みは、南のそれとは少し違うのです。それはきびしい環境の中で、凝縮され、あっという間に散ってゆく、どこか緊張感をもった自然の恵みです。

「ブルーベリーの実、今年はどう?」

それがアラスカのこの季節のあいさつであるように、人びともまた、冬の暮らしに向け秋の恵みを蓄えてゆくのです。

アスペンとシラカバの黄葉。

ソープベリーの実を食べる。

秋の山を歩いていて、疲れてくると、ぼくはブルーベリーの実を頬《ほお》ばります。青い実の房があちこちに見え隠れする茂みを見つけ、どっかりと腰を下ろし、手が届く範囲のブルーベリーを食べ尽くせば、そのまま這《は》いずって数メートル移動すればいいのです。気がつくと、今年もまたズボンを赤や青に染めてしまいました。

この時期、ブルーベリーの実を摘みにゆく人に、「クマと頭を鉢合わせするなよ！」とよく言います。それはまったく冗談でもないのです。なぜなら、クマも人も、ブルーベリーを食べるのに夢中になって動いていて、頭を上げる余裕などなくなってしまうのです。ぼくも時々そのことにふっと気づき、注意深くあたりを見回したことがありました。

そんな時、『サリーのコケモモつみ』という絵本を思い出します。ある秋の日、お母さんと子どもが山へブルーベリーの実を摘みにゆく話です。子どものサリーは、夢中になって実を摘むお母さんの後ろをついてゆくのですが、いつの間にかはぐれてしまうのです。同じ山へクマの親子がブルーベリーを食べにやってきます。やがて子グマも、夢中になって実を食べる母グマを見失い、いつの間にか、人間の子どもは母グマの後ろへ、子グマは人間のお母さんの後ろへついてゆくという話です。この絵本は、アラスカではとてもリアリティがあるのです。

マクニール川

McNeil River

クマはアラスカで広範囲に生息している。しかし、その姿をどこでも見られるわけではない。長い間山を歩いていても、クマに出くわすことはまれである。けれども、自然は時おり、奇跡的な場所をつくりあげてくれる。マクニール川がそれである。

カミシャック湾は、アンカレッジ南西二二〇マイルに位置し、マクニール川はこの湾に流れ込んでいる。その河口からわずか上流にマクニール川の小滝があり、毎夏、サケを求めてたくさんのブラウンベア（注・グリズリー）が集まってくる。そして人間もまた、この信じられぬ光景を見に世界中からここを訪れるのである。銃も持たずに、である。こんな場所はほかにどこを探しても見つからない。マクニール川は、世界中の人びとが共有するひとつの財産のような気がする。

一九五〇年の初めまで、わずかなフィッシャーマン（漁師）を除いて、この滝の存在はまったく知られてはいなかった。しかし、毎夏マクニール川に集まるクマの話はゆっくりと広がり、やがてアラスカ州は、この地域のクマを保護してゆくため、一九五五年、この川に全面的な狩猟禁止令を出した。そして一九六七年、マクニール川は野生生物保護区に指定されたのである。それから今日に至るまで、毎年多くの人びとがこの川を訪れ、クマという野生動物をとおして、貴重な体験を得る機会を与えられてきた。しかし今、この野生生物保護区の将来が危ぶまれる状況が生まれつつある。

その発端はコマーシャルフィッシング（商業漁業）である。マクニール川からわずか三マイルしか離れていないペイント川に人工的な滝をつくり、サケの稚魚を放流し、ここを巨大なサケ漁の場所に変えてゆこうとする計画がもちあがったのだ。自然保護団体を中心とする大きな反対運動の中で、ペイント川プロジェクトは、この数年アラスカの環境問題の大きな焦点のひとつになってきた。もしこの計画が実現されれば、マクニール川野生生物保護区のクマの状況に大きなインパクトを与えるからである。

この保護区では、人間とクマの共存を目的としたさまざまなマネージメントがとられてきた。一九七三年に決められた新たな規制は、この保護区を訪れることができる人数を一日十人と制限した。約二十年にわたる行き届いたマネージメントは、サケを食べにこの川にやってくるクマに、人間の存在を受け入れさせることに成功したのである。その結果、人間が驚くべき近距離でクマの行動を観察することができるという、貴重な野生生物保護区となったのだ。そしてこの二十年の間、人間とクマの事故は記録されていない。

毎夏たくさんのクマがこの川に集まってくるのは、河口近くの滝の存在がサケの溯《そ》上《じょう》を一時ストップさせ、クマにサケを獲りやすくさせているからである。そしてもうひとつの理由がある。それは、近域唯一の川であるペイント川が、サケが上ってこない川だということだ。これらの自然条件が絡み合い、マクニール川を世界でもまれに見るクマを観察することができる場所につくりあげているのである。

もしペイント川プロジェクトが実現されれば、この川に毎年百五十万尾のサケが帰

ドラマが始まった。

産卵のためサケが川を溯上してきた。クマとサケが織りなす短い極北の夏の

ってくることが期待されている。しかし今、漁業会社の冷凍庫はサケが飽和状態であるという現実、またこの数年に獲られた多くのサケの買い手がまだ見つかっていないという状況の中で、経済的にもこの漁業計画の価値はあるのだろうかと、プロジェクト反対運動の側からは疑問視されている。

そしてこの論争の焦点が、マクニール川のクマの行動に変化を与えるであろうことは言うまでもない。ペイント川プロジェクトは、わずか二万尾のサケしか溯上してこないマクニール川から多くのクマを去らせることになるだろう。ペイント川に移動したクマは、そこにつくられた人工的な滝の前に群れるサケをマクニール川と同じように獲ろうとするだろう。しかしそこは野生生物保護区ではない。たくさんの漁師が働く場所で、当然のごとく人間とクマはぶつかり合うだろう。なぜなら二十年近くマクニール川で人間を受け入れてきたクマは、そこがどこであろうと、まったく同じような行動をするだろうからだ。しかし野生生物保護区で学習した行動は、ひとたびそこを出れば逆に作用してゆくというパラドックスがある。人間とクマの間で約束されたお互いの距離は、保護区外では人間に銃の引き金をひかせる距離なのである。

野生生物保護区と同じような、行き届いたマネージメントがなされていないペイント川では、たとえば、人びとは食料の保管に気を使わないだろう。マクニール川ではあり得なかった状況の中で、クマは悪い行動（クマにとっては当然の行動）を学習してゆくにちがいない。長い時間をかけてつくりあげられたマクニール川における人間とクマとの関係は、ここにきて危機的な状況に裏返されようとしている。そして、環境アセスメントもなされないまま、ペイント川プロジェクトは進みつつあるのだ。

昨年、マクニール川に人びとがクマを観察に来るということが、どれだけ経済的な利潤を地域に与えてゆけるかという調査が行われた。ペイント川プロジェクトの論争の中で生まれた調査のひとつだと思う。しかしその結果が、マクニール川野生生物保護区の存在理由にどれほどの意味をもつのだろうか。世界でも例のないこの川の存在価値が、どうして経済的利潤で計ることができるのだろうか。

人びとはこの川を訪れ、サケの群れが必死に滝を溯上してゆく光景に圧倒され、そのサケを獲るクマという生きものを目の前で見る。それは本でも、テレビでもない世界である。その貴重な体験は、マクニール川を訪れた人びとにどれほど大きな心の財産を与えてゆくことだろう。

五月十四日、ペイント川プロジェクト論争の判決が言い渡され、反対側の訴訟は退けられた。ペイント川に最初のサケが溯上する時、世界的な財産であるマクニール川の自然はおそらく変わり始めてゆくだろう。

クマは鋭い爪のある前脚と口を使い、数キロもあるサケを巧みにつかまえる。

アラスカは、これからもグリズリーの大地でありつづけるのだろうか。

3年目に親離れした兄弟は、その後もしばらく、行動をともにする場合が多い。

何も食べずに過ごす冬に備え、じゅうぶんな脂肪を蓄えただろうか。

ていくさまは、まるで音のない色のオーケストラを見ているような気がした。

それぞれの植物がそれぞれの紅葉を進め、日に日に広大な原野の色を深くし

ムース

Moose

目の前のスープをすすれば、
極北の森に生きた
ムースの体は、
ゆっくりとぼくのなかに
しみこんでいく。
その時ぼくはムースになる。
そしてムースは人になる。

背丈はサラブレットをしのぎ、体重はウシさえもおよばぬ極北の巨鹿。

ムースに降る雪

Snow Falling on Moose

初雪の日、しんしんと降り積もる冬化粧を見つめながら、人はそれぞれの思いで立ち尽くすのだろう。つかの間に過ぎゆく極北の夏、人びとは慌ただしく動き過ぎてしまったのかもしれない。少し疲れているのだ。そして、冬の訪れは、なぜか心地よい諦めを人の心にもたらしてくれる。それはどこか、雨の日を家で過ごす気持ちに似ている。これから長く暗い季節が始まるというのに、初雪に心が安らぐのはそういうことなのだろうか。

そして、雪とはなんと暖かいものなのだろう。生きものたちは生存のために雪に適応してきただけでなく、生存のために雪が必要なのだ。大地を覆う雪のブランケットがなければ、その下で冬を越す多くの動物たちは、酷寒の冬を生きのびることができない。雪の暖かさは、ぼくたちの気持ちにさえ伝わってくる。無機質な白い世界は、人の心にあかりを灯《とも》し、かすかな想像力さえ与えてくれる。雪のない冬景色ほど寒々しいものはないと思う。

降りしきる雪の中、小さな体に雪を積もらせ、トウヒの枝にじっと佇《たたず》むベニヒワを見た。マイナス五〇度の寒気の中、あらゆるものが凍りついた世界で、なぜさえずることができるのだろう。雪の中でじっと動かぬその姿には、夏の光の中で飛ぶ姿より、もっと強い生命の佇まいを感じた。

冬の到来は、この北の土地にやってきて住みついた人びとを、平等に試しているのだろう。多くの者が、この季節を境に毎年去ってゆく。それは生きものたちにとっても同じである。冬は、夏を生きぬいた生きものたちに容赦なく一線を引き、弱ったものを脱落させてゆく。人は去ることができるが、生きものたちにとって、それは死を意味する。

十一月のある日、降雪の中に佇むムースを見た。繁殖期の一カ月、何も食べずに闘争に明け暮れた雄のムースは、約二〇パーセントの体重を失いながら、きびしい状況の中で極北の冬を迎える。生きものたちは、どんな思いで初雪を迎えるのだろうか。もうすぐ落ちるという角に、雪は降り積もっていた。

一年の半分を占めるアラスカの冬。それは雪の世界である。人も動物も植物も、雪とかかわりながらこの土地の冬を生きている。次の春まで存在を証明するかのように、ひたむきな生の営みを続けている。それにしても、雪景色は、どうしていつも静まりかえっているのだろう。雪の降る世界の静けさは人の心の模様を映しているのだろうか。

グリズリーに挑んだムース

Moose Challenging Grizzly

一九八七年六月十五日午後三時、アラスカ山脈トクラット谷の丘の上からムースの親子を見ていた。

生後約二週間だろうか。二頭の子ジカは、時々跳びはねながらじゃれ合っている。はじめての春。まわりのすべてが新鮮な世界なのだろう。花の匂い、サラサラと揺れるアスペンの葉音、森の中に響くアカリスの警戒音、水の冷たさ、そして母親の乳の味。

きっと子ジカは自分の動く体さえ不思議にちがいない。跳びあがり、追いかけ、はねつけられ、自分の世界を学んでゆく。

突然、親子の様子がおかしくなった。三頭はぴったりと寄りそい、まわりを気にしはじめている。

ブッシュの中からグリズリーが現れた。

生後数週間をまず生きのびることが、子ジカにとっての試練である。オオカミやグリズリーが、まだうまく走れないこの時期を狙ってくるからだ。一頭は守れても、二頭を同時に守ることは母親にとってやさしくはない。

秋になり、成長した二頭の子ジカを連れたムースを見ることは珍しいだろう。

その時、思いもしないことが起きた。母ムースは、二頭の子ジカを残し、グリズリーに近づいていったのだ。もう逃げられないと悟ったのだろう。

グリズリーが足を止めた。ムースも足を止めた。両者はしばらく見つめ合い、ムースが次の一歩を出した瞬間、グリズリーはひるんだ。

ムースが一気に攻撃に出た。グリズリーは身をひるがえし、こんなはずではなかったかのように逃げ出した。ムースの攻撃は執拗だった。グリズリーはすでに背を向けているのに、まったく諦める様子なく追い続けている。二頭の子ジカはどうしていいかわからないのか、茫然《ぼうぜん》とそのシーンを見つめていた。

以前、同じような場面に出くわしたことがある。しかしその時は、母ムースが山の上までグリズリーを追い払っている間に、子ジカは離れたやぶの中に隠れてしまった。戻ってきた母ムースはどうしても子ジカを見つけることができない。パニックになった母ムースは信じられない行動に出た。再び山を登りだし、グリズリーに近づいていったのだ。子ジカが見つからないわけを、もう一度そのグリズリーに確かめたかったのだろうか。

捕食者と獲物の関係が逆転していた。食われる者が食う者にぎりぎりまで近づいていったのである。その後、このムースの親と子が出合うことができたかどうかはわからない。

さて、早春のツンドラでグリズリーを追いつめた母ムースは、やっと気がすんだかのように子ジカのもとへ戻っていった。わずか数分間のドラマだった。生きのびた子ジカも、泡を食って逃げ去ったグリズリーも、何かを学んだ。

弱者は、守らなければならない者をもったことにより、強者との立場を時として逆転させてしまう。それが、捨て身の行動のもつ力なのだろう。

子どもを連れたムースの母親は、ときにはグリズリーをも攻撃する。

ムースの糞に芽生えたコケ。

ヘラジカ

Moose

一九七八年七月。それはアラスカに移り住んで最初の夏だった。ぼくはアラスカ中央部に連なるアラスカ山脈の麓《ふもと》をひとりで旅をしていた。テントをかついで、三週間分の食料が切れるまでの最初の撮影行だった。倒木に腰を下ろし、一服ふかしながら休んでいると、アラスカにいる実感がしみじみ湧《わ》きあがってくる。しかし、これから五年間アラスカと取り組もうとしているのに、いったいどこから手をつけてよいのかもわからないのだった。

しかし、そんな不安も吹き飛ばしてしまうほど、まわりのすべてが新鮮であった。時おり、アカリスの鋭い鳴き声が静まりかえった森のしじまを破る。熱いコーヒーをつくり体を温めていると、前方のトウヒの木立の間を巨大な動物がゆっくりと移動していくのが見えた。その時、ぼくはその動物のもつ大きさに圧倒され、カメラを出すことも忘れて、木立の中に消えてゆく巨大なシカを見つめていた。それがはじめてのヘラジカ（ムース）との出合いだったのである。そして、五年間にわたるヘラジカを求める旅がその時から始まった。

ぼくには子どものころより、北の自然への漠然とした憧《あこが》れがあった。それは多くの場合、その当時読んだ動物記、探検記からきたものだと思う。とりわけ、シートンの『北極平原に動物を求めて』は繰り返し読みふけった。アサバスカ川とその支流を下り、カナダ北西部に広がる未開の森林地帯へのカヌーの旅は、限りない夢を与えてくれた。途中の旅で出合う極北の動物たちを描いたシートンの絵が、北極の自然への憧れをさらにつのらせた。

二十歳の夏、アラスカエスキモーと生活をともにする機会を得ることができた。北極圏の小さな村（注・シシュマレフ村）のエスキモーの家族が、ぼくを世話してくれることになり、ぼくは彼らとともにカリブーの狩猟に出かけ北極海にセイウチを追った。

極地に生きる人びととの生活は、自分の中に強い印象を残し、北方の自然への興味をさらにかきたて、それからの六年間はアラスカのことが頭から離れず、しだいに自分の中で大きなものとして育っていった。ぼくはけっしてアラスカという区切られた地域に興味をもったのではなく、もっと漠然とした北極の自然に魅《ひ》かれていたのだろう。強烈な寒気、果てしなく続く針葉樹林の広がりは、それだけで自分の夢をふくらませるのに十分だったのである。ぼくはなんとかして、北極という自然をテーマに、写真という手段を通し、この大地を表現してゆけないだろうかと考えていた。

デナリ山の麓(ふもと)、ワンダー湖にやってきたムース。

湖の底に茂る水草を食べる。

大学を卒業し、数年間の写真家の助手を経たぼくは、一九七八年に再びアラスカに渡った。五年間にわたるアラスカでの生活は、さまざまな体験を与えてくれた。その土地に住むということは、何よりもその自然をじっくり見てゆく機会を与えてくれる。冬の間は小さな丸太小屋で暮らした。水道もなく、薪《まき》ストーブとベッドだけの小屋であったが、単純な生活に心から喜びを覚えた。長いキャンプから帰りしばらくこの小屋で休むと、次のキャンプへの力を蓄えることができたのだった。

北極の自然という大きなテーマにとまどいながらも、アラスカは少しずつぼくに扉を開いてくれた。極北に生き

水草を食べるムースの顔からこぼれる水音が、静まり返った湖に聞こえた。

る動物たちに興味をもつようになり、とりわけ、一〇〇〇キロの旅をしながらアラスカ北極圏をさまようカリブー、そして北極の森で孤高に生きる世界最大のシカ、ヘラジカに魅かれた。

ぼくはヘラジカを求め、四季にわたりアラスカの原野をひとりで歩いた。それには多くの場合、ベースキャンプをつくり、一カ月近くを費やした。フィールドであるアラスカ山脈の麓は、冬の間深い雪に閉ざされてしまう。スキーとスノーシュー（輪かんじき）を使い、冬のヘラジカを探した。アラスカの厳冬期のキャンプはきつい。人に会うこともないその時期は、すべてのことを自分ひとりの責任で片づけていかなければならない。ちょっとしたアクシデントが命取りとなる。また、機材と野営用具だけでかなりの重さとなり、たくさんの食料を持ってゆくわけにはいかない。米、しょう油、かつお節がぼくの主食で、それに熱いコーヒーさえあれば満足だった。しかし、そんな苦労をしながらの撮影行でも、ヘラジカを見ることのできないことのほうが多かった。そんな時、帰りのザックの重さが二倍にも感じられて肩にかかった。ヘラジカを見ることができ、さらに撮影がうまくいった時は、自分で自分を祝った。つまりその日の夕食のおかずが増え、とっておきのココアが飲めたりしたのである。

ぼくのヘラジカの調査は秋が中心だった。発情期が近づくとともに、ヘラジカの行動に変化が生じてくる。八月の終わり、ツンドラの緑が燃えるような紅葉にとってかわるころ、ぼくは長いキャンプに入った。しかし、交尾期の行動がとらえられないまま三年が過ぎていた。秋の雄ジカ同士の戦い、そして交尾の瞬間をぼくはどうしても見てみたかった。それからの二年間は、つかれたかのようにヘラジカを求めアラスカ山脈を歩いた。そして四年目の秋、ついにすさまじい雄ジカの闘争に出合い、五年目の初冬、夢にまで見た交尾の瞬間をとらえることができたのだった。

アラスカの原野にこの巨大なシカを追った五年間はあっという間に過ぎてしまった。はじめてヘラジカに出合った時より、ぼくはこの動物に少し近づいたようだ。ヘラジカを追いながら、ぼくはまたさまざまな動物たちに出合った。ヘラジカがドラマをもっているように、それぞれの動物たちもまたそれぞれのドラマをもっているにちがいない。ぼくはそれを追ってゆきたいと思う。

秋、交尾期が近づくと、雌のヘラジカは小さな群れをつくるようになり、一頭の雄ジカがその群れを守っている。それは、交尾テリトリーをつくり、進入する雄ジカとの戦いに勝ち残った強い雄ジカだ。その年、ぼくは八月からヘラジカを観察しており、交尾行動が見られないまま十月に入っていた。すでに何度も雪が降り、山々は新雪をかぶっていた。晴れた夜には今季最初のオーロラが空を舞い、冬が近づいていることを告げていた。五年間にわたるヘラジカの行動を観察する中で、ぼくはまだ交尾を見たことがなかったのである。

その日、朝から観察していたヘラジカの群れに変化が起きてきた。雄ジカと雌ジカの相互の鳴き声がひんぱんになってきたのだ。夕方、小雪の降る中で、雄ジカが突然前足のひづめで地面に穴を掘りだした。するとどうであろうか。これまで採食をしていた十一頭の雌ジカがいっせいに頭を上げ、その雄ジカの行動をじっと見つめだした。何かが起ころうとしていた。そして、雄ジカが穴を掘った地面に排尿を始めるやいなや、すべての雌ジカがその場に集まってきた。そして我先にとばかりにその場にしゃがみこみ、雄ジカの排尿した場所に体をすりつけ始めた。それはワローイング（wallowing）と呼ばれる交尾期の行動であり、発情した雄ジカと雌ジカが、お互いの体の匂いを交換するという働きをもっているといわれている。この行動がそのまま交尾に続きやすく、ぼくはかたずをのんで、じっと観察していた。入れかわりたちかわり、雌ジカはその穴場にしゃがみこみ、雄ジカは立っている雌ジカの排尿器の匂いをかぎながらフレーメン（注・上唇をめくり上げるしぐさ）のような行動をとりはじめた。しばらくすると、雄ジカが一頭の雌ジカを誘い出すかのように離れさせ、二頭のヘラジカはトウヒの木立の中に入っていった。自分の胸が鼓動を強く打ちだしたのを感じた。ぼくはカメラを構え、目をファインダーに移し、その一瞬を待った。

八月から約二カ月、ヘラジカを追った自分が今報われようとしていた。五年間待った一瞬が目の前に迫っていた。進入する雄ジカと戦い、蹴《け》ちらし、そして勝ち残った雄ジカが、その最後の仕事を終えようとしていた。二頭のヘラジカは立ち止まり、雄ジカは雌ジカの背に顔をのせた。しばらく静止した後、雄ジカはその後ろ足で一気に立ち上がり、その巨大な体が一瞬宙に浮き上がったように見えた。シャッターを押す指が震えた。

繁殖期になると、雄と雌がひんぱんに鳴きかわすようになる。

いは、ムースの顔のまわりを白くもやらせている。

巨大な２頭の雄は、がっぷりと角を組み、あえいでいる。苦しそうな息づか

ゆっくりと雌に近づいていく勝ち残った雄のムース。交尾が近い。

シウムを得る。極北の森の中で、ゆっくりと命の輪が広がっていく。

12月、ムースはその巨大な角を落とす。齧歯(げっし)類はこれをかじり、カル

極北の小動物

Small Mammals in Tundrra-Taiga

私は、厳しい自然条件の中で
ひたむきに生きようとする、
アラスカの生命のさまが
好きである。
それは強さと脆《もろ》さを秘めた、
緊張感のある自然なのだ。

ぼくの好きな極北の小動物。

チュルル！　トウヒの森のしじまを破り、アカリスの警戒音が聞こえてくる。

アラスカの夏

Summer in Alaska

七月のある日、最初のイチゴ事件が起きた。やっと熟しはじめたイチゴを、もう一日だけ待って摘もうとした朝に、何者かによってすでに摘まれてしまったのである。妻の落胆は想像にあまる。犯人(?)が残した唯一の状況証拠は、一個のキノコである。まるでイチゴをかすめた罪ほろぼしをするかのように、木箱の横にそっと置かれているのだ。

妻はまだ熟していないほかのイチゴの実に望みを託したが、明日には食べようと楽しみに待っていた朝、事件は

これが状況証拠のキノコ…?

アカリスは、トウヒの種子などを貯蔵して長い冬を越す。

再び起きた。そしてなんということだろう。現場にはまた一個のキノコが置かれていたのだ。そんなことが四、五回続いただろうか。そのたびに必ず申し訳なさそうにキノコが残されているのである。妻は、明日には摘もうという、自分の気持ちが読まれているようだと言って嘆く。

ある日、妻は、イチゴをくわえて犯人が走り去る現場を目撃した。それは我が家の森に住むアカリスだった。キノコを摘んで巣に戻ろうとするたびに、おいしそうなイチゴに目が眩《くら》んで取り換えていっただけなのだろう。私は、妻がそうであるように、イチゴが熟すのをじっと楽しみに待っているアカリスの姿を想像し、なんだかおかしくてならなかった。

小高い丘の上の森にある“我が家”。

穏やかな春の日に

A Calm Spring Day

体にしみる太陽のぬくもり。髪を濡らす半年ぶりの雨の気持ちよさ。香ばしい土の匂い。そして、ニュースで知るユーコン川の解氷。アラスカの長い冬が終わった。

早春のある日、大工のジャックが子どもたちを連れて、庭の花畑を見に我が家へやってきた。二年前の秋、ここにどんな家を建てようかと、ぼくたちは冬の気配を感じながらこの森で話し合った。巣穴に餌《えさ》を運びながら冬支度をするアカリスの警戒音が、ひっきりなしにトウヒの木々の間から聞こえていた。ぼくはこの森の侵入者だった。そのことが、もうずっと、昔のような気がする。

断腸の思いで何本かの木を切り倒し、そこに家を建て、ぼくはこのアラスカの地に根をおろした。四季はめぐり、切り株のまわりにまいた花の種は光と水を得て動きだし、いつのまにかスクスクと生長した。花畑の中ではしゃぎまわるジャックの子どもたちも、しばらく見ない間に、すっかり大きくなっている。

チチチチ……見上げると、アカリスの家族がトウヒのてっぺんから幹を伝って下りてきた。まだ生まれて間もないのだろう。小さなアカリスが、さらに小さな子どもを連れて走り回っている。はじめてこの森にやって来た日、ぼくたちに向かって叫んだのと同じヤツだろうか。

枯れ枝を集めながら、夕暮れのトウヒの森を歩く。湿った大気が、ゆるく、暖かい。森のカーペットのあちこちに、固くコロコロしたムースの冬の糞《ふん》が落ちている。きびしい冬の間、餌を求めて何度もこの森を通り過ぎていったにちがいない。

しかし、今はもう新緑。ヤナギの新芽は、ムースの糞にたっぷりと水気を混じらせているにちがいない。やがて、森のどこかで、二頭の子ジカを連れたムースに出合う日も近い。

子どもたちの笑い声を残しながら、ジャックの家族は残照の中を帰っていった。花畑は陰に沈み、家に映しだされた木々の影もゆっくりと消えてゆく。なんと温かい風景なのだろう。

今、陽《ひ》が沈もうとする一日の終わり、めぐる季節、人の一生、そして大いなる自然の秩序。ずっと続いてきて、これからも続いてゆく。その単純な営みの繰り返しがもつ深遠さ……。

ポカポカとした穏やかな春の日に思うこと、それは、希望というものへの、かすかなる予兆である。

っている。

アラスカの多くの鳥やけものにとって、ホッキョクジリスは格好の獲物とな

ジリスの自立

アラスカのマッキンレー国立公園での話である。

四国ほどの広さがあるこの公園の中に、たった一軒だけ観光客のためのビジターセンターがある。まさに原野のまっただ中の公園の中を一本道が通っているために、毎日たくさんの観光客がこの休憩所で過ごす。

そのあたりはホッキョクジリスの生息地でもあり、観光客がバスを降りるたびにジリスは餌をあてにして走ってくる。公園のレンジャーはなんとか餌をやらないように呼びかけているのだが、かわいらしいジリスのしぐさにどうしても折れてしまう。

ある年のこと、奇妙な立て札が立った。なぜ奇妙かというと、その立て札はわずか一〇センチほどの低さで、体を曲げてわざわざのぞき込まない限り見えないのだ。その内容は「ジリスたちよ！」で始まる、ジリスに向けての警告だったのだ。

「……おまえたちは、そうやって人間から餌をもらってばかりいると、だんだん体重が増え、動きも鈍くなり、いつの日かイヌワシやクマの餌になってしまうだろう……」

私は笑ってしまった。何だろうと思ってサインを読む観光客も苦笑いを浮かべてい

ジリスを追いかけるグリズリー。

る。ふと、日本の動物園で見た、クマのおりの中にひっきりなしに人びとが食べ物を投げ込む光景を思い出していた。そこに書かれていた「動物に餌をあげないで下さい」というサインは、なんと力のないメッセージだっただろう。そんなことは、誰もが知っているのだ。

思わず動物に餌をあげたくなってしまうのも人の自然な気持ちなら、餌をやってはいけないのだと感じるのも人の素直な気持ちである。正論に力を持たせるのは大変だ。余裕をもった、ちょっとしたユーモアが、時に人の心を大きく動かしてゆく。

マーモット

ヤマアラシ

ビーバー

カンジキウサギ

オコジョ

ナキウサギ

極北の空に舞う

Birds Flying in the Northern Sky

その日は、絵に描いたような
渡りのドラマがあった。
ナキハクチョウ、マガン、
カリガネ…がV字をつくりながら、
次々に南の空から
姿を現してきた。
どうしてこんなに正確なのだろう。
春のカレンダーを、どうやって
体にプログラムするのだろう。

ハクトウワシの飛翔。バサッ、バサッという風を切る音が聞こえた。

ハクトウワシ

アラスカの川をゴムボートで下っている時のことだった。川の流れに身を任せながら、ふと前方を見ると、川岸のポプラの木に一羽のハクトウワシが止まっている。急流はゴムボートをどんどん木の下へと近づけ、ハクトウワシもじっとぼくを見下ろしていた。飛び立ってしまうのか、それとも通り過ぎさせてくれるのか、ぼくはただぼんやりとハクトウワシを見つめていた。それはぴんと張りつめた息詰まるような時間でもあった。ぼくを見つめているハクトウワシには、過去も未来も存在せず、まさにこの一瞬、一瞬を生きている。そしてぼくもまた、遠い昔の子どもの日々のように、今この瞬間だけを見つめている。一羽のワシと自分が分かち合う奇跡のような時間。過ぎ去ってゆく今がもつ永遠性。そのなんでもないことの深遠さに魅せられていた。川の流れはぼくをポプラのすぐ下をすり抜けさせ、ハクトウワシは飛び立たなかった。

日々の暮らしのなかで、〝今、この瞬間〟とは何なのだろう。ふと考えると、自分にとって、それは〝自然〟という言葉に行き着いてゆく。目に見える世界だけではない。〝内なる自然〟との出合いである。何も生みだすことはない、ただ流れてゆく時を、取り戻すということである。

ハクトウワシは、アラスカを除く北アメリカのほぼ全地域で激減している。

シロフクロウの新しい家族

Breeding of the Snowy Owl

もう何年になるだろう。春になると、アラスカ北極圏のツンドラにシロフクロウを探し続けた。歩いても歩いても変わらぬ風景。ただただ、漠と広がるツンドラで、この一羽の鳥に出合うことは難しかった。双眼鏡に目をこらしても、どうしても白い点を見つけることができなかった。

シロフクロウは、極地に生きる巨大なフクロウである。翼を広げると約一・五メートル。フクロウ類は夜行性だが、シロフクロウだけは別だ。なぜなら、夏のアラスカ北極圏には夜がないのである。

一九八八年六月、北極海に注ぐコルビル川流域でシロフクロウの巣を見つけた。長い間会いたかった相手は、ツンドラの、なんでもない三〇センチほどの小山の脇に四つの卵を産んでいた。それとは知らずに歩いていたぼくは、気がつかないうちに親鳥を巣から離れさせていたらしい。ツンドラの遥か彼方に、白い点がポツンと見えるではないか。早くこの場を去らなければならなかった。卵が冷えてしまうのだ。

急いでザックを下ろし、カメラを取りだした。シャッターを切っておきたかった。

親鳥は交代でヒナに餌を運んでくる。

アラスカを旅するようになってから、ずっと夢見ていたシロフクロウ。その営巣地を見つけたのだから……。

突然、背中に強い衝撃があった。かがんでいたぼくは思わずバランスを失った。いったい何が起きたのだ。白い大きな翼が目の前から宙に舞い上がったかと思うと、一転して向きを変え、再びまっすぐこちらに向かってくる。フクロウの大きな黄色いふたつの目が、しっかりぼくを見据えていた。二度目の攻撃をやっとかわし、巣から離れた。セーターの下から背中に触れると、手が血で染まった。

一週間後、ブラインドを設営し、撮影が始まった。遮るものが何もない平坦なツンドラに、青いブラインドだけがしっかり飛び出ている。なんとか慣れてほしかった。巣にうずくまりながら、はじめはじっとこちらを見つめていた親鳥も、しだいに落ち着きを取り戻していった。

直径二〇センチのブラインドの窓から、約一カ月の間、ぼくはその営巣行動を見続けた。四つの卵は無事にかえり、ヒナは親鳥が運んでくるレミング（ネズミの仲間）でどんどん成長していった。

ある朝、ブラインドの小さな窓をのぞくと、空っぽの巣と、どこまでも続くアラスカ北極圏の広がりだけが残されていた。

羽ばたきの練習をする。巣立ちが近い。

原野に落ちていた羽。この持ち主は…？

エトピリカ

ツノメドリ

ツンドラの大地に産み落とされた生命のカプセル。

コミミズク

トウゾクカモメ

ムナグロ

陽光を受けて青く輝く大きな氷塊。その上でカモメが羽を休めていた。

クジラ

●アザラシ
●セイウチ
●ラッコ

Whales

“クジラはなぜ海から出て
宙を舞うのだろう”という、
永久に答えの出ない問い。
ただなんとなく、
跳び上がって
みたかったのかもしれない。
風を感じて
みたかったのかもしれない。

突然、40〜50トンの巨体が宙を舞った。ザトウクジラのブリーチング…。

クジラのために用意された舞台のようだった。

1頭のザトウクジラがゆっくりと進んでいる。あたりの風景は、この1頭の

ザトウクジラを追って

Searching for Humpback Whales

　ぼくは友人のリン・スクーラーと一緒に、八月の南東アラスカの海を旅していた。かつて漁師だったリンは、この海に精通し、四度の夏にわたりクジラを追う旅をともにしてくれた。

「あのクジラに今年も出合えるかな」

「これまで毎年見てきたんだもんな。あいつは絶対戻ってくるさ」

　ハワイで冬を過ごしたザトウクジラは、夏になると四〇〇〇キロの旅を経て豊かなアラスカの海にやってくる。暖かいハワイの海は、出産と子育てには適しているが、ザトウクジラにとっては食べるものがない不毛の海である。それにくらべ、プランクトンに満ちたアラスカの夏の海。ここで過ごす数カ月は、ザトウクジラの大切な採食の季節なのだ。

「ビッグママ、今何歳ぐらいだと思う？　あの大きさからするともうずいぶん年老いてるんだろうな」

「でもクジラは人間と同じぐらいの寿命があるんだろ。まだまだ生きられるさ」

クジラは長い潜水に入る直前、尾ビレを垂直に上げてその形をくっきりと見せてくれる。それがクジラを個体識別する唯一の手がかりだ。すべてのクジラがそれぞれ固有の形と模様をもっているからである。鋭い切れこみと鮮やかな白い模様の尾ビレをもつその巨大なクジラ。ビッグママは、夏にやってくる千頭にも及ぶザトウクジラの中で、ただ一頭ぼくたちが個体識別できるクジラだった。しかし考えてみれば、この広い海原で、毎年ある一頭のクジラと出合い続けるとは不思議なことでもある。

ビッグママとの最初の出合いは、今から五年前にさかのぼる。

ぼくはその夏、クジラの調査船に乗ってこの海を旅していた。この船には研究者だけではなく、二十人近い一般の観光客も乗ることができた。小さな船の共同生活の中で、誰もが親しくなるのに時間はかからなかった。なぜなのか、乗船者は初老の人びとが多かった。すでにお互いに夫を亡くした姉妹は、五十年ぶりに一緒に旅をしているのだと言った。どのような人生を歩いてきたのかと問うわけでもなく、南東アラスカの自然の中で、誰もがつかの間の出会いをいつくしんでいるように思われた。

ビッグママに出合ったのはそんなある日だった。水平線から立ち昇るいくつもの白い息を見つけたぼくたちは、船の速度を上げて近づいていった。それは七〜八頭のザ

泡の網に、ニシンの群れを閉じ込める。

大きく口を開け、海中から一気に空中へ…。

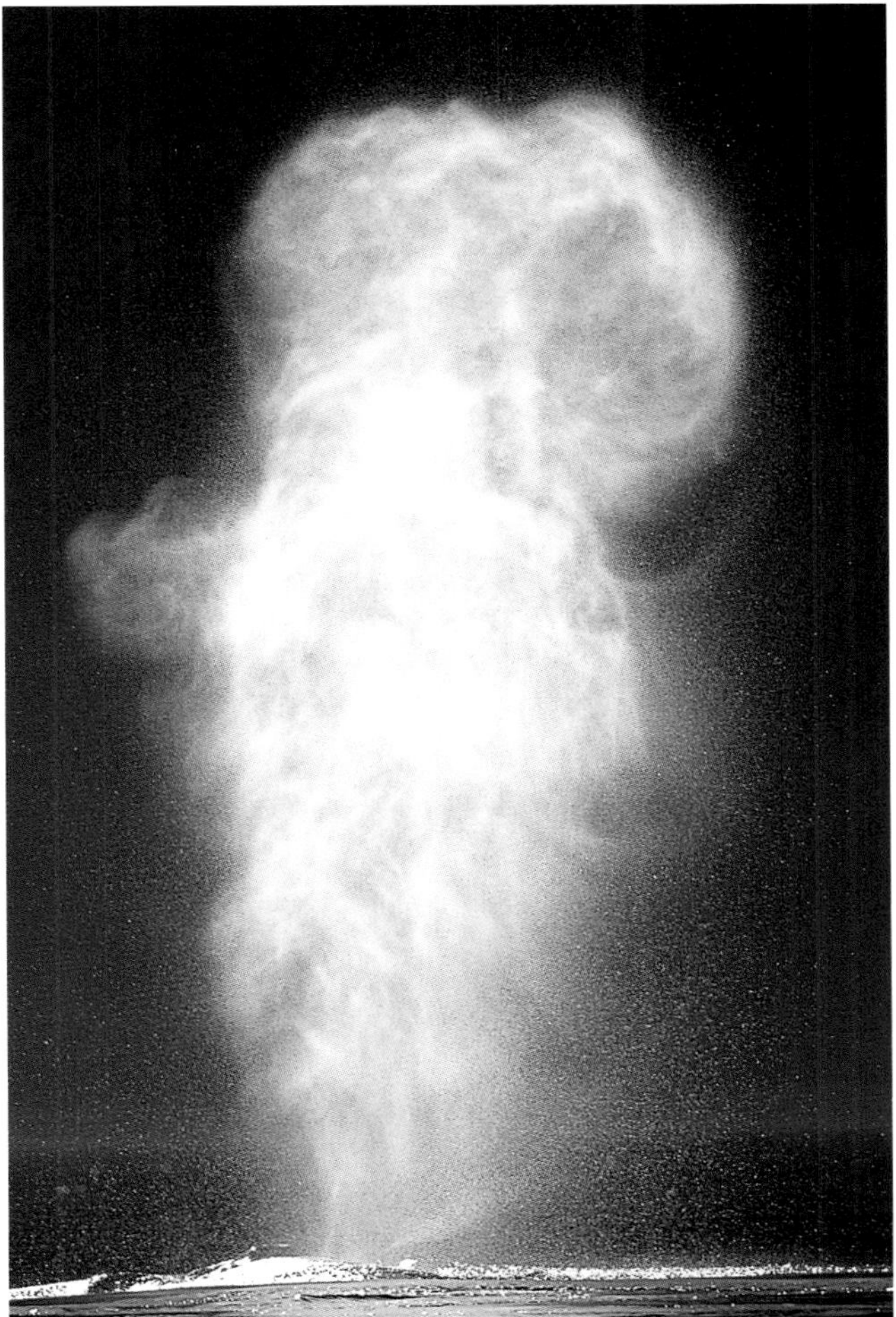

シューッ！　待っていた音が10メートル先の海面から噴き出した。

トウクジラの群れだった。バブルネットフィーディングと呼ばれるすさまじい採食行動を見たのは、それがはじめてだった。海面に直径一五メートルもの大きなあぶくの円が現れたかと思うと、その中からザトウクジラの群れが巨大な口を開けながらロケットのように空中へ飛び出してくるのである。その光景に誰もが言葉を失っていた。

ニシンの大群を見つけたザトウクジラは、その下をあぶくを出しながらぐるぐると旋回する。あぶくは海中で円柱となり、その中に閉じ込められたニシンの群れはひたすら海面へと逃げ集まってくる。そこを一気に口を開けながらクジラの群れが飛び出してくるわけだ。その直前、何を意味するのか、海の中からかすかなクジラの歌が聞こえてくる。それは不思議な音色だった。そして何度その行動を繰り返そうと、中心から飛び出してくるのは一頭の同じ巨大なクジラなのだ。そのクジラが歌をうたい、すべての行動をリードしているかのように思われた。その後さまざまな場所でバブルネットフィーディングを見ることになるが、こいつほど高くパワフルに舞い上がるクジラと出合うことがなかった。それが研究者が名づけた、ビッグママだった。ぼくたちはそのクジラの群れと丸一日旅を続けたのである。

クジラは圧倒的な生きものだった。小さなアリが生きる姿に目を奪われるように、ぼくたちは巨大なクジラに感動する。だがそれは、生命のもつ不思議さというより、一頭のクジラの一生を超えた果てしない時の流れにうたれているような思いがする。それは人間をも含めた生物の進化とか、地球とか、宇宙につながっていくような存在だった。

この夏、リンと過ごした南東アラスカの海はすばらしかった。大きなシャチの群れに何度も出合い、そのたびにぼくらは方向を変えて彼らと一緒に旅をした。たくさんのザトウクジラも見かけ、あの不思議な採食行動も目にすることができた。だが、ビッグママを見ることはなかった。さみしい思いはあったが、ホッとしたのも正直な気持ちだった。もし今も生きているのなら、同じクジラに出合い続ける不思議さより、海洋の広さを感じていたかった。

旅も終わりに近づいたある日、ぼくたちは夜の海にカヤックで漕ぎ出した。近くに数頭のザトウクジラがいたのだ。鏡のような凪《な》いだ海に、聞こえるのはクジラが潮を吹く音だけだった。パドルを水に入れるたび、海は青白い夜光虫の光に輝いた。驚いた魚が、その不思議な光に包まれて暗い海に消えてゆく。その光もまた、この海の豊かさを物語っていた。ぼくたちは何やら夢心地でカヤックを漕ぎ続けていた。

潮を吹き上げながら、悠々と進むクジラ。

氷河の崩壊。大きな轟音(ごうおん)とともに、次々と氷塊が崩れ落ちていく。

授乳に備えてたっぷりと蓄えられた脂肪でまるまるとしている。

タテゴトアザラシの親子。匂いと鳴き声でお互いを確認する。母親の体は、

子育ての期間は約２週間。それを過ぎると、母親は海に帰っていく。

純白の毛は離乳のころに抜け落ち、母親と同じ灰色の毛になる。

アザラシの親子

グレイシャーベイの最も奥に位置するジョンホプキンス湾まで、なんとか無事にたどり着くことができた。だから、ここではゆっくりとアザラシの撮影がしたいのだ。たくさんのアザラシが、春に産んだ子どもを氷の上で育てている。朝、ピチャピチャと何かが跳《は》ねまわる音で目を覚ますと、アザラシが目の前の水の中から素頓狂《すっとんきょう》な顔をのぞかせていた。

氷が少しひいたある日、カヤックでアザラシの撮影に出かけた。氷の上に寝ている親子を見つけ、ゆっくりと近づく。母親が水音に気づいて頭を上げると同時に、自分の動きを止める。しばらくぼくを見つめているが、こちらが動かないため、安心してまた寝こんでしまう。同じことを何度もくり返しながら、だいぶ近づくことができた。と思いきや、最後のひと漕ぎが強すぎたせいで、カヤックはアザラシの親子の目の前まで来てしまった。レンズは二〇〇ミリの望遠しか持ってきていない。近すぎて、どうしても焦点が合わないのだ。ここで動いたら、アザラシの親子はびっくりして水に飛びこんでしまうにちがいない。ぼくはどうすることもできず、しかたがないので目の前で気持ちよさそうに眠るアザラシの親子をじっと眺《なが》めていた。

ゴマフアザラシ。流氷域で子育てをし、その後は海岸近くで暮らす。

南アラスカの無人島で昼寝をするセイウチ。

セイウチは極北の代表的な海獣だ。牙は犬歯が長く伸びたものである。

ラッコの海

Waters of the Sea Otter

南アラスカの海、プリンス・ウイリアムス・サウンドは、無数の島が散らばる美しい内海である。五月のある日、コルドバという漁村からボートで海に出た。数日かけて、プリンス・ウイリアムス・サウンドの西側の島々をまわってみたかった。自分の目で見て、確かめておきたいことがあった。

午後からゆっくりと霧に囲まれてくる。しばらくすると、ほとんど視界が利かなくなった。霧の中から小さな岩島が現れ、霧が晴れるのをこの島で待つことにする。

気がつくと一頭のラッコがこの岩場に向かってくる。よく見れば子どもを抱えているではないか。ぼくは岩かげに隠れた。プカプカ浮かびながら、両手と口で忙しそうに毛づくろいをしている。ラッコの親子は何の警戒もせずに一五メートルほど離れた岩場に上がってきた。母親は再びあおむけになり、子どもはその上でころげ回っている。平和な風景だった。

ここでは生きていたか……。ぼくは一カ月前に見た光景を思い出していた。

ここから四〇キロ西で起きた北アメリカ最大の油流出タンカー事故は、プリンス・

ウイリアムス・サウンドを原油で覆った。海鳥はもちろんのこと、約三千頭のラッコが油にまみれて死んだ。

ラッコはアザラシなどほかの海洋動物のように厚い脂肪をもたない。この冷たい海で、ラッコの生死を分けているのは密生する二種類の体毛である。ラッコはこの体毛を汚すと生きてゆけない。浮力を失いおぼれるか、急速に体温を失い凍死する。

まだ生きていたラッコはバルディーズの町に運ばれ、救援グループの人びとによって洗浄活動が行われた。油が落とされ、小さなオリに入れられたラッコにそばにいた女性が顔を近づけた。あやそうとでもしたのだろう。麻酔で眠そうな顔をしていたラッコは、突然牙《きば》をむきだし、フーッという声をあげながら威嚇《いかく》した。その女性はびっくりして後ずさりした。人間が勝手につくりあげた、ラッコがかわいいなどというイメージとはほど遠い一瞬であった。それはもの言わぬ生きものたちの、人間に対する精いっぱいの怒りにさえ思えた。

事故が起きた一週間後、現場から近いナイト島に渡った。浜辺はどす黒い原油でべったり覆われていた。波うち際は、海辺の生態系の命である。そこは生命の気配はなく、気味が悪いくらい静かだった。レイチェル・カーソンの「沈黙の春」を思った。春なのに、鳥の声がない。

ラッコは岸近くで暮らし、沖合に出ることはほとんどない。

ホッキョクグマ

- ホッキョクギツネ
- オオカミ
- ドールシープ
- ジャコウウシ

Polar Bear

おじいさんがよく話してくれた。
シロクマは氷の世界の王者だと。
人びとは昔から、
その王者のことを
ナヌークと呼ぶことを。

を探して生きている。

ホッキョクグマは１年の大半を、食料の90パーセント近くを占めるアザラシ

雌グマは、雪のふきだまりに産室となる穴を掘り、１～４子を産む。

ナヌーク Nanook

地吹雪なのか、ブリザードなのか、風が唸《うな》りながら、あたりは雪煙で渦まいている。体感気温はマイナス一〇〇度を超えているだろう。時おり風の力が失《う》せ、雪煙がスーッと引いてゆくと、うずくまるナヌークの親子の輪郭が、かすかな灰色に浮かび上がってくる。そして風は思い出したように戻ってきて、あたりは再び混沌とした白いベールに包まれてしまうのだ。

十一月、北極海へと続くこの海は、どんどんと厚い氷が張り出している。氷海が消えてしまった七月から、ナヌークの親子はすっかり陸に閉じこめられ、もう長い間アザラシを食べていない。凍ってゆく氷海にアザラシは呼吸穴を開け続け、ナヌークはその呼吸穴でアザラシをじっと待つ。つまり、北極海の氷の均衡にナヌークは生かされているのだ。が、夏の間、彼らは海岸線を旅しながら、打ち上げられた死骸、鳥の卵などを食べて飢えをしのいできた。このナヌークの親子も、浜辺の雪を掘りおこしてはケルプをむさぼっている。しかし、冬が、ナヌークの季節がもう近づいている。氷の状態を確かめようとしているのか、張り出しつつある氷原の先まで毎日のように出かけてゆくナヌークの親子の姿に、私は彼らの遠い氷海への思いを感じとっていた。ナヌーク。それは、エスキモーの人びとがホッキョクグマを呼ぶ名である。

子どものころ、現実なのか空想の世界なのか、どちらともはっきりしないまま抱き続けた生きものたちがいた。たとえばそれはオオカミ、そしてホッキョクグマもまたそのような存在だった。氷の世界に生きるクマがいる……それはどう考えても、非現実な、物語の世界だった。

一九八四年の春、私はポイントホープというエスキモーの村で、クジラ漁のキャンプに参加していた。キャンプとはいえ、そこは絶えず動き続けている北極海の氷原である。リード（風と潮流で開いた氷に囲まれた海）に沿って、南からやってくるホッキョクセミクジラを待ちながら、私たちは数週間も氷上で過ごしていた。

ある日の夕暮れ、私はキャンプを離れ、乱氷上を散歩に出かけた。どこまでも広がる氷原は、このすぐ下が北極海であることを忘れさせた。しばらく行くと、氷原の彼方で何やら動いているものがいる。点のような距離だが、それはまっすぐこちらに向かってくるではないか。エスキモーの仲間だろうか。生命のかけらもないような氷の世界に、ほかに誰を想像できるだろう。私は目をこらして、少しずつ姿をはっきりとさせてくるその生きものを見つめていた。突然、胸の高鳴りとともに、空想の世界のホッキョクグマがはっきりとした輪郭をもって目の前に現れてきた。

私は走ってキャンプに戻り、〝ホッキョクグマがやって来る！〟と息せききりながらエスキモーたちに伝えた。はじめて見た興奮と、誰よりも最初に見つけた子どもじみた誇りで、私の体は火照《ほて》っていた。

ホッキョクグマは何を思っているのか、まっすぐに私たちのキャンプに近づいてきた。エスキモーの若者が、すでに乱氷のかげに隠れている。後で思い返せば、ただエスキモーの食料であるシールオイル（アザラシの脂）の匂いをたどってきただけなのだ。キャンプはシーンと静まり返り、人々が見守る中、やがて緊張の糸が切れるように、銃声が氷原に響き渡った。


風が静まり、十一月の短い陽《ひ》はもうすぐ落ちようとしている。ナヌークの親子は、授乳を終えると、雪のベッドで寄りそうように眠り始めていた。あと一カ月もすれば、彼らは遠い氷海をさまよっているのだろう。そこは人間を寄せつけることはない、本当に遠い世界なのだろう。

ホッキョクグマの聖域……暗黒の冬、激しくオーロラが舞う下で、アザラシの呼吸穴をじっと見つめるナヌークの親子がいる。

ブリザードの中、餌を求めてさまようホッキョクグマの親子。

ホッキョクギツネが、餌のおこぼれにあずかろうとやってきた。

ホッキョクギツネ

川沿いの土手を歩いてゆくと、なぜかそこだけに花が咲き乱れているホッキョクギツネの巣があった。長い歳月の中で、幾世代にもわたるホッキョクギツネの排泄物が、大地に栄養を与えてきたからだ。白夜の風に吹かれながら、じっと待ち続けていると、やがて子ギツネが巣穴から姿を現し、花の中でたわむれている。ツンドラの彼方から、狩りを終えた母ギツネが、獲物をくわえて走って戻ってきた。

母ギツネの帰りを待ちながら遊ぶ、ホッキョクギツネの兄弟。

おりだった。怖さなどみじんもなく、ただただ聞き入るだけだった。

オオカミの遠吠えが聞こえてきた。子どものころ、物語で読んで想像したと

遠吠えは野生を誘う

Wolf Howling in the Wild

アラスカに憧《あこが》れていた十七、八歳のころ、アドルフ・ミューリーの『マッキンレー山のオオカミ』を何度も繰り返し読んだ記憶がある。一九四四年に出版されたこの本は、オオカミの生態に関するはじめての論文だとされていた。ムースやカリブーとのかかわりも詳細にとらえており、ひとつひとつ確かな観察に基づくオオカミの全体像がリアルに描かれていた。しかし、当時のぼくは「これは古典であり、過ぎ去った時代のことなのだ」と、そんな気持ちで読んでいたのを覚えている。

あれから十何年経《た》った今、あらためてこの本を読み返してみると、非常に身近に感じるものがある。ミューリーがオオカミを求めて歩いたマッキンレーの山域は、今の自分がよく知っている土地であるからだ。何よりの驚きは、ミューリーが半世紀も前に観察したイーストフォーク峡谷のオオカミの巣穴に、現在もオオカミの群れがすみ続けているという事実である。おそらく、半世紀以上にわたってひとつの巣穴が受け継がれてきたのであろう。

現在、この谷は国立公園の規制により、研究者さえも簡単に入ることはできない聖域となっている。その昔、氷河が後退してでき上がったというイーストフォーク峡谷を見下ろす景観はすばらしく、ここに立つたびにいいようのない興奮を覚える。この渓谷の奥地に、今も確実にオオカミの群れが生息している、と確信できるからかもしれない。

記憶に残るアラスカでのオオカミとの出合いのいくつかを思い起こしながら、以下簡単にふれてみたい。

一九八二年十月

冬眠前のグリズリーを撮影するため、南西アラスカの山に一カ月ほどキャンプをしていた時のことだ。ある夜、夕食を終え、いつものようにたき火をおこしてくつろいでいると、湖の対岸の山中からかすかに尾をひくような動物の鳴き声が聞こえてきた。遠かったので、はじめは何の音だかわからなかったが、すぐにオオカミの声だと気がついた。一頭かと思った遠吠《とおぼ》えは、しだいに数を増し、合唱になった。冬が近づいたので、オオカミは群れをつくりはじめたのだ。闇のなかで火を見つめながら彼らの遠吠えを聞いていると、感動に打ち震え、いても立ってもいられなくなった。遠吠えは、ぼくが本を読んでイメージしたそのままの想像どおりの声だったし、この感動を自分

れを探しているのだろうか。

1頭のオオカミが姿を現し、まっすぐこちらに向かってくる。カリブーの群

ひとりで味わうには、なんとももったいないような気がしたのだ。その夜を境目に遠吠えは数日間止《や》むことなく続き、群れが少しずつ自分のほうへ確実に近づいてくるのがはっきりとわかった。

ある日の午後、四頭のオオカミが川岸に沿って走ってくるのが目に入った。その瞬間、オオカミもぼくに気づいた様子で、ふたてに分かれて林のなかに消えていった。それから、五分もたたないうちに遠吠えが始まり、先の四頭はそう遠くへは行っていないようだった。この時がオオカミの遠吠えをもっとも近い距離で聞いたときである。距離にしておよそ一〇〇メートル弱という近さだった。怖さなどみじんもなく、初冬の山々に染みいるようなオオカミの遠吠えに、ただただ聞き入るだけだった。

一九八四年四月

アラスカ山脈のルース氷河源流、周囲をぐるりと四〇〇〇〜六〇〇〇メートル級の山々に囲まれた氷と岩石の世界。ぼくはムース・トゥース（″ヘラジカの歯″の意）という山の撮影のために、この氷河の源流に入っていた。

ある日のことだ。ふたりのアメリカ人登山家が、ハンティントンという山に挑むため、ぼくのいたルース氷河源流へやってきた。ハンティントン山は、おそらくアラスカでもピークをきわめるのがもっとも難しい山のひとつであろう。ぼくはこの山をどうしても間近で見たくて、ふたりに同行を申し出た。ふたりは快く承諾をしてくれ、翌日僕たちはザイルを組み、スキーをはいてさらに上部の氷河地帯へ入っていった。

あたりは生命のかけらもない、雪と氷の世界だ。そんな日の午後、ある足跡に出くわした。太陽の強い照り返しがある雪上に、くっきりと一条の線が目に入ったのだ。それはまっすぐ氷河を横ぎっていた。近づいてみると、それはまちがいなくオオカミの足跡だった。ぼく以外のふたりは、その足跡にあまり関心を示さず、すぐに歩きはじめてしまった。ぼくのなかにはしばらくたっても、その時のことが頭から離れず、非常に不思議な思い出として残っている。その足跡の主は、なぜこんなところに迷いこんでしまったのか……、どう考えても迷いこんだとしか説明がつかないのだ。いわゆる食べものとなるべきものがまったく見あたらない世界での光景なのだから——。

一九八四年五月

毎年この時期になると、カリブーの春の季節移動を目的にアラスカ北極圏に入る。出発する直前、アラスカ大学の研究者から、「これからおまえが入ろうとしている地域で狂犬病にかかったオオカミの死体が見つかった。予防注射をうっていかないと、えらい目にあうぞ」という連絡が入った。だが、予防注射は何回かに分けて行わなければならないらしく、出発までの時間を考えると、カリブーの撮影に間に合わない。いろいろ考えた末、注射をうたずに出かけることに決めた。そのかわり、かならず銃を持っていくようにとの指示があった。

狂犬病にかかったオオカミは、無差別に嚙《か》みついてくるといわれており、病気の伝染等を考えると、非常に危険な状態にある。願わくば、出合いたくないと思いつつ、現地へ向かった。

真夜中（といっても白夜の季節なので太陽は沈まない）に、川辺でたき火をしていると、雪原を走る黒い物体がかすかに見えた。オオカミだ！　向こうもすぐぼくに気づき、足を止めた。保身用の銃は二〇〇メートル離れたテントのなかに置いてある。黒いオオカミ（ブラック・ウルフ）はぼくを見つめたまま動かない。しまった、と思った。あとにも先にも、オオカミを〝怖い〟と思ったのは、この時だけだ。まわりを見わたしてみたが、たき火の「火」ではとてもオオカミに太刀打ちできそうにない。だが、運がいいといおうか、オオカミは反対側へ走りはじめ、雪原のかなたへ消えていってしまった。ぼくはほっと胸をなでおろした。

人に危害をくわえるというのがオオカミの通説になっているようだが、ぼくには彼らはむしろ人を恐れているように見える。オオカミに襲われた人の話はアラスカでもよく聞くが、その多くは狂犬病などにおかされた個体の引き起こした事故が話のもとになっているように思う。人びとに語り継がれていく過程で、話に尾ひれがついたものと思われるのだ。実際の彼らは、人影を見るやいなやすばやく立ち去ってしまう。彼らとの出合いはほんの一瞬の出来事でしかない。

われわれの生活のなかで大切な環境のひとつは、人間をとりまく生物の多様性であると、ぼくはつねづね思っている。彼らの存在は、われわれ自身をほっとさせ、そして何よりぼくたちが何なのかを教えてくれるような気がする。一生のうちで、オオカミに出合える人はほんのひとにぎりにすぎないかもしれない。だが、出合える、出合えないは別にして、同じ地球上のどこかにオオカミのすんでいる世界があるということ、また、それを意識できるということは、とても貴重なことのように思える。それはもちろんオオカミだけに限ったことではない。

マッキンレー山の麓《ふもと》に広がるイーストフォーク峡谷の奥地に、半世紀以上にわたって受け継がれているオオカミの巣穴がある――。その広大な谷を見下ろす時、ぼくは体の底から湧《わ》き出てくる不思議な力を感ぜずにはいられない。

野生の深遠にひそむこの生きものが、わずか5、6メートル先に立っている。

オオカミが目の前にいた。じっとぼくを見つめている。容易に姿を現さず、

ドールシープ

Dall's Sheep

六月のイグルー山にドールシープの群れを探した。山岳地帯に生きるこの野生のヒツジは、特に急峻《きゅうしゅん》なガレ場を好む。

白い点の群れを山頂近くに見つけたぼくは、雪解けの川を渡り、ゆっくりと山に登った。残雪の山を吹きぬける風が、汗ばんでくる体に心地よい。

同じガレ場に住むマーモットのかん高い警戒音に、ドールシープの群れが緊張する。二羽のイヌワシが、谷から吹きあげる風に乗って頭上をグライディングしていた。以前、ドールシープの子どもをつかみ去ろうとしたイヌワシを見たことがある。

長い間ドールシープの狩猟が禁止されているこの地域では、人間を恐れることはまりない。近づいてゆくには、絶対隠れたりしないこと。いつも自分の場所を知らせることだ。

山頂直下の岩場に腰を下ろしていると、どこからか歌が聞こえてきた。まわりを見渡しても誰もいない。おかしいなと思っても、やっぱり女性の声で歌が聞こえてくる。広大な風景の中で、心地よい風とメロディは調和し、なんだか素敵だった。

岩場で憩うドールシープの親子。

稜線《りょうせん》から誰かが現れた。ずっと離れていたがお互いに気づき、手を振った。アラスカ大学の院生、ジャネットだった。修士論文で、ドールシープの親子関係を研究している。しばらくして、ジャネットのフィールド調査を手伝うアリスも稜線から現れ、ガレ場を下ってこちらに向かってきた。

ふたりとも山が好きで、将来、高山地帯の生物学を研究したいという。話の合間にどちらかが歌っている。まぶしいほど明るい。

「今日、出産が見られるかもしれない……」

双眼鏡を見ながらジャネットが言った。それは片目がつぶれた一頭のドールシープだった。群れの中で、この雌だけがまだ出産を終えていないらしい。

夕方になり、その一頭は群れから離れ山を登り始めた。出産の最初の兆候である。ぼくたちは山頂に腰を下ろし、その瞬間を待った。昔、氷河が後退してでき上がった広大なU字谷が目の前にあった。

空間の広がり……アラスカを旅しているといつもそのことを思う。こんな風景の中で風に吹かれていると、人の一生には、自然というもうひとつの現実があることを改めて教えてくれる。

何年も前、この稜線にキャンプをした夜があった。U字谷が月光に浮かび上がり、すばらしい夜だった。少し多すぎるほどの流れ星が、星座の間をぬって消えていった。

突然、流れ星がいつまでも消えないのに気がつく。人工衛星だ。人間がつくりあげたその星は、ゆっくりと、いやまさにすさまじいほどのスピードでアラスカの夜空を駆け抜けていった。

ドールシープの群れが稜線の下で寝入っていた。ヒトという種《しゅ》が成し遂げたものが、たとえどうしようもない袋小路への道を秘めているとしても、アラスカの夜空に飛ぶ人工衛星に、その時不思議な感動をもったのを覚えている。

「もうすぐ生まれる」

ジャネットが、双眼鏡から目を離さず小さな声で言った。

横たわっていたドールシープは、突然後ろ脚を強く蹴りはじめたかと思うと、赤みを帯びた小さな魂が飛び出し、夕暮れの草むらに転がった。

守る唯一の術である。雄、雌ともに角がある。この角は一生落ちることはない。

ドールシープは高山地帯に生息する。険しい岩場を難なく動けることが身を

て円陣を組み、まん中に子どもを入れて守りながら、鋭い角で立ち向かう。

円陣を組むジャコウウシ。群れがオオカミなどに襲われると、何層にもなっ

厳冬のアラスカ山脈が、短い冬の日に照らしだされている。

ツンドラに咲く花

Flowers on the Tundra

極北のツンドラに咲く花々は、
小さく可憐であるが、
その生命力には目をみはる。
雪解けとともに顔を出し、
厳しい自然条件の中で、
わずかな栄養分さえ逃さない。

解けはじめた氷の中から顔を出した小さな花。

ワスレナグサ

ワスレナグサは、英語で、forget-me-not、このいじらしいほど可憐な花が、荒々しい自然を内包するアラスカの州花であることが嬉しかった。

「アラスカ州の花って知ってる?」

と幾分自慢げに、これまで何人の人に話してきただろう。一瞬の夏、その限られた持ち時間の中で一生懸命開花しようとする極北の花々は、ワスレナグサに限らずどれだって美しいのだが……。

見過ごしそうな小さなワスレナグサのたたずまい…。

春の訪れ

The Coming of Spring

アラスカを旅するようになってからもう十五年になるが、花を撮ろうと真剣に思い始めたのはこの一～二年である。これまではいつも大きな対象物に目を奪われてきてしまった。

グリズリー、オオカミ、カリブー、ムース、ザトウクジラ……いや、野生動物だけではない。この土地を覆う氷河の流れ、果てしなく広がる北のツンドラ、南アラスカの深い原生林、冬の夜空を舞うオーロラ……アラスカの自然は私にとっていつも大きなものとしての存在だった。

しかし、ちょっと立ち止まり、自分の視線をぐっと下げ、アラスカの大地から数十センチまで目を近づけてみると、どうして今まで気づかなかったのだろうと思うほど、この土地の植物の世界はすばらしい。そして彼らがどうやって生きのびているのかを知れば知るほど、まったく新しい世界を発見したような喜びで、私自身のフィールドが大きく広がりつつあることを感じている。

この土地の花々は南の世界の鮮やかなそれとは対照的で、質素で可憐である。シーズンも短く、約二カ月の間に、植物は生長、開花の営みを急いで仕上げなければならない。このようなきびしい自然環境の中で、アラスカの植物たちはさまざまな適応を遂げている。

たとえば、クッションに花をちりばめたようなマンテマの類は、多年生植物であって、種子が地に落ちてから最初の花を咲かせるまでに十年もかかってしまう。乾燥した風の中で、この植物は少しでも多くの水分を地中から吸収しなければならない。その種子は内部のエネルギーによって芽を出すことができるが、その後この植物のエネルギーは根を大きく発達させることに使われる。そのために花が咲くまでにそれほど長い時間がかかってしまうのだ。

コケのような種類は、その葉の表面がろうのように硬くて、水分の蒸散をできるかぎり食い止めている。私の好きなツンドラの花、ケブカシオガマなどは、茎やつぼみの表面を毛の断熱材でおおって保温につとめている。保温用マットの中で生育し、開花するコケナデシコは、植物体の温度は周囲の気温より約二〇度も高いらしい。

極地の植物はこうした種々の適応手段のおかげで、付近全体よりは快適な微気候をつくり上げているわけだ。これまで見過ごしてきたアラスカの小さな世界を知るほど、自然の秘めているしたたかさに驚かされてしまう。

アークティックポピー。ピンクの花はコケナデシコ。

アラスカの夏を彩るヤナギラン。

極北の植物の魅力は、一見弱そうな姿の中にあるたくましさなのかもしれない。アラスカのミクロの世界はじつに壮大だ。

これからの撮影活動は花に向けられる比重が大きくなってゆくだろう。これまで行ったさまざまな場所を、花を求めてもう一度訪れなければならないだろう。そして多くの花を撮るだけでなく、ひとつの花の移り変わりもていねいに追ってみたい。

たとえば、ヤナギラン。この花の様相で季節のありかを知るほどその変幻は見事である。綿毛となって風に運ばれてゆく秋になると、これが夏を彩ったあのヤナギランかと思うほど変わり尽くしている。

ブルーベリーの花を知っているだろうか。実が熟す秋にしか目を留めないこの植物も、夏には見過ごしてしまうほどの小さなかわいらしい花をつける。そして、花にまつわるさまざまな物語も追ってみたい。ある年の夏の日、北極圏のツンドラでカリブーの大群が私のベースキャンプを通り過ぎていったときのことだった。私のテントのまわりは一面、極地の花が咲き乱れていた。そこへ一万頭に近いカリブーの群れがやってきたのは夜だった。無数の足音が和音となって何時間もあたりに響きつづけていた。朝になって、びっくりしてしまった。見渡す限りの花がほとんど食べ尽くされているのである。花が消えてしまった淋しさ以上に、私は感動していた。

花に目を向け始めると、この土地の人びとの暮らしの中でいかに花が大きな位置を占めているかを再発見する。短い夏の季節にアラスカを訪れてみるとそれがわかるだろう。それぞれの家のまわりが、なんとも精いっぱいに花で飾られているのだ。長い冬があるからこそ、人びとはこの花の季節を愛《め》でるように大切にするのだろう。そんな人びとの暮らしと花のかかわりもこれからは撮ってゆきたいと思う。

昨年結婚をして、私の妻が花の世界に身を置いていたこともアラスカの花に対する興味に拍車をかけたかもしれない。とりわけ彼女にとっては、アラスカの自然との出合いは大きかったようである。それは、野の花との出合いでもあった。

アラスカは今、三月。まだまだ雪深い。が、少しずつ日照時間も延び、春が近い。あと一カ月もすれば、半年ぶりに土の匂いを嗅ぐだろう。この夏にはひとつの夢がある。庭を一面にアラスカの野の花でおおいたいのだ。ワスレナグサ、ヤナギラン、アークティックポピー……。雪景色を眺めながら、ふとそのことを考えるだけで嬉しくなってくる。

ワイルドクロッカス

ホワイトデージー

ワタスゲ

ツンドラの大地に初霜がおりた。

霜がおりた後の木の実は、いっそう甘くなる。

バンチベリー

地衣類

カの風景は新鮮だった。

いつも大きな自然ばかりに目が向いていたので、身をかがめてのぞくアラス

人が一生を閉じる瞬間、
だれでもあるひとつの強烈な風景を
思い出すとしたら、
自分はアラスカで見続けた
オーロラではないだろうか・・・。

動物解説

本文に登場した動物の生態、生息状況などに関するデータです。動物名の下に記した数字（P.6）は、その動物が出ているページです。

■カリブー（トナカイ）―― P.6

スカンジナビア半島からサハリンにかけてのユーラシア、アラスカ、カナダ、グリーンランドの森林や林縁にすみ、夏はツンドラへ移動するものもいる。体重は雄で250〜280kg、肩高100〜120cm。家畜として飼われているものもあり、古くから、その肉や乳、皮などが利用されてきた。

シカの仲間は雌に角がないのが普通だが、カリブーは例外で雄にも雌にも角がある。雪に埋もれたコケや草などを掘るために、雌にも角が必要だとされる。また、鼻づら（鼻鏡）はすべて毛に覆われていて露出した部分がなく、雪の中で食物を探すのに適す。ひづめは偏平で幅広く広がっていて、これも雪の上や雪解けのぬかるみを歩くのに適している。歩くとピチピチと音がするが、これは仲間に居場所を教えるための合図だとされている。

雪原で餌を探すカリブー

■グリズリー（ヒグマ）―― P.40

ヒグマの英名はgrizzly bear、またはbrown bear。brown bearを訳したものがヒグマ（緋熊）。グリズリーは、アラスカ、カナダ、スカンジナビア半島から、カムチャツカ半島にかけてのユーラシアと広い範囲に生息し、いくつかの亜種に分けられる。北海道にすむエゾヒグマも、その亜種のひとつ。アラスカにすむコディアックヒグマは亜種の中でも大形で、体重800kg近くになる。ちなみに、日本の本州以南にすむツキノワグマは、ヒグマとは別種。

雑食性で、草や果物、木の根、小形哺乳類、サケなどを食べる。死肉も食べる。子どもは冬ごもりをしている間に生まれる。新生児は、体重350～400gと小さく、ほとんど毛の生えていない状態で生まれる。

■ムース（ヘラジカ）—— P.74

シカ類のなかでいちばん大きく、雄は体重800kg、肩高200cmくらいになる。てのひら状に広がる角（雄のみ）と、上くちびるが垂れてウマのように見える顔が最大の特徴。鼻づらは、ほとんど毛に覆われていて、ほんの一部だけが露出している。

ユーラシア北部、カナダ、アラスカなどの針葉樹林帯の水辺を好んで生息し、泳ぎもうまい。

「ムース」はインディアンの呼び名で〝木を食うもの〟の意。草も食べるが、冬場は木の枝や樹皮をおもに食べる。ヨーロッパではムースのことをエルクと呼ぶが、アメリカではワピチ（アカシカの仲間）のことをエルクと呼ぶので、混同しやすい。

■アカリス—— P.100

リスの仲間は非常に多く、世界中に250種以上いる。アメリカアカリスは、ニホンリスと同じくらいの大きさで、北米大陸に広く生息。人間の住居の近くにもすむ。巣は木の上に限らず、地下に穴を掘ることもある。種子や果実をおもに食べるが、トウヒの実が大好物。マツカサが熟す前に枝からかじりとり、土に埋めて蓄える。

■マーモット—— P.112

リスの仲間で、プレーリードッグに似ているがずっと大きく、体重は4～8kg。マーモットは、ユーラシア、アラスカ、カナダ、アメリカ西部にかけて13種類が生息する。カナダ北部とアラスカの山岳地帯にすむシラガマーモットは、岩の間をすみかとし、草や木の葉、根などを食べる。

■ホッキョクジリス ——P.108

樹上性のリスに対し、地上性のものをジリスという。木のうろや岩の間、または地面に掘った穴を巣にする。ホッキョクジリスは、カナダ北西部、アラスカ、ロシア北東部にすみ、1年のうちの9カ月を冬眠して過ごす。起きている間は毎日17時間を、食糧貯蔵や巣の掃除、交尾、子育てなどのために活動する。

■ナキウサギ ——P.115

ナキウサギは体重約200gの小さなウサギで、世界に14種類がいる。日本にも、北海道にエゾナキウサギがいる。アメリカにいるのは、ロッキー山脈やカスケード山脈にすむアメリカナキウサギと、アラスカ、カナダ北西部にすむクビワナキウサギの2種。露岩帯にすみ、岩の表面に座っていることが多い。コケや草などを食べる。

■ヤマアラシ ——P.113

アジアやアフリカにすむヤマアラシは地上生活をしているが、カナダヤマアラシをはじめとするアメリカヤマアラシ類は樹上生活をする。アメリカヤマアラシ類には11種がいる。

カナダヤマアラシはアラスカ、カナダ、アメリカ合衆国、メキシコ北部の森林地帯にすむ。樹上性だが、地上でもよく活動する。木の葉や樹皮、木の根、茎、花などを食べている。

■オコジョ ——P.115

イタチの仲間で体重は200～400g。北アメリカ、ユーラシアのツンドラ地帯および森林地帯に生息。日本では本州中部以北に生息する。モグラやネズミ、魚、小鳥などを捕まえて食べる。小さいが、ハンターとしての能力は優れる。夏は背中の毛が茶色で腹が白だが、冬は尾の先の黒い毛を残して全身、白に変わる。

カンジキウサギ

P.114

ノウサギの1種で、カナダ、アラスカ全域およびロッキー山脈に生息。体にくらべて前脚、後ろ脚が非常に大きく、“かんじき”をつけているようだということから、この名がある。英名は、snowshoe hare。雪の上を沈まずに歩くのに、この脚は便利。

ビーバー

P.113

アメリカビーバーとヨーロッパビーバーの2種がいる。木をかじって倒し、その木で川の中にダムをつくる。ダムは、水中に開口した巣の入り口が水面に露出しないようにするためのもの。そのためダムづくりは、水位の下がる夏にさかんに行われる。鱗(うろこ)のある尾は、泳ぐときの推進力と舵取りの役目をするほか、危険を感じたときに水面をバシャッとたたき、仲間への連絡のためにも利用する。

ザトウクジラ

P.130

海中を１８０㎞以上も伝わる独特の鳴き声で有名なクジラ。世界中の海に生息し、冬は高緯度の寒冷な海域で餌をとり、夏は低緯度の暖かい海域で繁殖する。北半球にすむものは北半球の高緯度海域と低緯度海域との間を、南半球にすむものは南半球の高緯度海域と低緯度海域との間を季節によって回遊する。北半球に生息するザトウクジラは繁殖の季節、日本の小笠原諸島海域でも見ることができる。

タテゴトアザラシ

P.144

体の模様が竪琴に似ていることからこの名があるが、雌の模様はあまりはっきりしていない。体長約１７０㎝、体重約１３０㎏。

ニューファンドランド島北東部からセント・ローレンス湾にかけて、ヤン・マイエン島周辺、白海北部で繁殖、夏はカラ海、バレンツ海、グリーンランドおよびカナダ北極圏の島の周辺で過ごす。氷上で出産し、新生児は白色の毛で覆われている。

■ゴマフアザラシ

P.148

黒い小さな斑点があることから、"胡麻斑"の名がある。ベーリング海、オホーツク海から北海道近海、渤海から黄海北部などに生息する。北海道では、北部の海岸から見えることも多い。動物園などで飼われることの多い種。体長約150cm、体重約80kg。氷上で出産し、新生児は白色の毛で覆われている。

■セイウチ

P.150

立派な牙とたわしのようなひげが特徴。体長約3m、体重は雄で約800kg。北極海および近辺の海域に大群をなして生息する。牙は雄雌ともにあり、氷に穴をあけたり武器にしたりするのに使う。二枚貝を主食とするほか、エビやカニ、タコ、ナマコなどを食べる。餌を探すときに、たわしのようなひげが触角の役目をする。

■ラッコ

P.152

カワウソの仲間で、アリューシャン列島、アラスカ湾、カリフォルニア海岸などにすむ。霊長類以外で、餌をとるために道具を使う唯一の哺乳類とされている。両前脚で石を持ち、アワビに打ちつけて岩からはずしたり、仰向けに浮かんで、胸の上に置いた石に貝を打ちつけて割って食べる。貝や石が落ちないようにしながら体を回転させ、貝殻のくずを洗い落としたりもする。潮に流されないように、コンブを体に巻きつけて寝る。

■ホッキョクグマ

P.156

北極圏の氷域や水域、または海岸に生息し、おもにアザラシを捕って食べるが、小形哺乳類や鳥類、卵、草なども食べる。また、セイウチやシロイルカ、ホッキョククジラなどの死体を食べることもある。体重は雄で350~650kg。アザラシの呼吸穴で待ち伏せをし、アザラシが顔を出したときに捕まえたり、氷の上に寝ているアザラシに忍び寄って捕まえたりする。白い毛は、氷の世界でのカモフラージュになる。ただし、皮膚の色は黒い。

■オオカミ―――― P.168

オオカミは現在、タイリクオオカミとアメリカアカオオカミの2種が生息するが、後者の野生のものは、すでに絶滅したとされている。タイリクオオカミには5亜種があり、ユーラシア、北米大陸にすむ。北米大陸にいるのはシンリンオオカミとツンドラオオカミ。犬の祖先はオオカミだが、シンリンオオカミではなく、すでに絶滅したヨーロッパの小形の亜種だと考えられている。

■ホッキョクギツネ―――― P.165

北極圏のツンドラ地帯にすむキツネで、マイナス50℃の氷上でも動きまわることができる。冬は真っ白かクリーム色、夏は背中側が灰色がかった黄色に変化する。冬は、ホッキョクグマの食べ残したアザラシなどを食べて生活する。夏は、開けた原野に巣穴をみつけ、寝床にしたり、レミング（ネズミの仲間）や小鳥など食料の貯蔵庫にする。

■ジャコウウシ―――― P.186

ウシという名がついているが、ウシの仲間ではなくヤギやヒツジの仲間。北米の北極海に面した地域に群れですむ。オオカミなどの敵に襲われると、おとなが頭を外に向けた円陣をつくり、円陣の中に子どもたちを入れて守ることで有名。〝ジャコウ〟の名の由来ははっきりしないが、繁殖期の雄が強いにおいを出すせいではないかといわれている。

■ドールシープ —— P.180

ドールビッグホーンともいい、アラスカからカナダにかけての急峻な山岳地帯にすむヤギやヒツジの仲間。『シートン動物記』に出てくるビッグホーンに似ているが、角がより細く巻きかたもゆるい。顔もビッグホーンより短い。体重は１００kg前後。

■ハクトウワシ —— P.116

魚を主食とするウミワシ類に分類されるワシ。アメリカ合衆国の国鳥で、翼を広げると２ｍを超す。もともとは北米大陸のほぼ全域に生息していたが、今は数が激減している。アラスカでも生息地と森林伐採の問題が起きている。英名はbald eagleで、〝はげたワシ〟という意味。白い頭部が禿げているように見えるからだが、日本名の〝白頭鷲〟のほうが威厳がある。

■シロフクロウ —— P.120

ツンドラ地帯の荒地や沼地などにすむ。ツンドラ地帯には白夜があるので、フクロウの仲間としては珍しく昼間にも狩りをする。真っ白いものから黒のまだら模様のあるものまでさまざまだが、雌のほうが黒っぽい傾向にある。抱卵をするのは雌だけで、営巣するのは雪や氷ばかりの場所ではないので、黒っぽいほうが隠蔽（いんぺい）色として役に立つ。

■コミミズク —— P.126

頭に小さな耳のような羽毛があるので、この名がある。ユーラシアおよび北米大陸の亜寒帯以北で繁殖、冬にはアフリカ北部やアジアの温帯地方、北アメリカ南部へ渡って越冬する。日本にも冬鳥としてやってくる。体重約３５０ｇ。草原にすみ、ネズミや小鳥、昆虫などを食べる。地上の窪地で営巣する。

■ムナグロ——— P.127

チドリの仲間。ユーラシアおよび北米大陸北部のツンドラで繁殖し、ヨーロッパ、アフリカ、インド、東南アジア、オセアニアの海岸で越冬する。日本にも冬鳥として渡ってくる。体重は１００～１７０ｇ。日本では、おもに水田や川筋の湿地でミミズや昆虫類を食べる。干潟にいることは、比較的少ない。

■エトピリカ——— P.124

北太平洋に広く生息。北海道東部の大黒島周辺や霧多布などでも繁殖する。日本は、エトピリカの繁殖地の南限になる。海上で暮らし、海に潜って魚やイカなどを捕る。体重約８００ｇ。繁殖期には、海岸の斜面に穴を掘って営巣する。エトピリカはアイヌ語で〝美しいくちばし〟の意。

■ツノメドリ——— P.125

エトピリカとは仲間どうし。夏羽の時期、目の上に角のような黒い突起が出る。体重約５５０ｇ。北太平洋の亜寒帯以北で繁殖し、冬は南下して越冬する。北海道周辺でも越冬するが、観察されることは少ない。エトピリカ同様海上で暮らし、魚やイカなどを捕る。〝海のピエロ〟というあだ名がある。

■トウゾクカモメ——— P.127

北極圏のツンドラ地帯で繁殖し、冬は南下して越冬する。11～3月には南半球まで渡り、春になると北極圏へと戻っていく。秋と春の渡りの時に日本を通過する旅鳥。体重６５０～７５０ｇ。繁殖期にはおもにレミング（ネズミの仲間）を捕って食べるが、繁殖期以外は外洋で暮らし、魚を食べる。ほかの海鳥が捕った魚を横取りすることがあるのでトウゾクカモメの名がある。

道夫は自分の道を歩いていった……

星野逸馬

道夫が生まれたのは、昭和二十七年。戦争は終わっていましたが、まだ混沌とした時代でした。ぼくが四十のときの子で、あのころは寿命が五十、六十という感覚でしたからね。生まれたのはいいけれど、はたして、この子が成人になるまで見届けられるかという心配が出てきて……。それで、ぼくはそばにいないかもしれないけれど、男の道を、自分で探して歩いていってほしいという願いをこめて、「道夫」とつけたんです。そうしたら、名前どおりの子になった。小さいころからなんでも自分で決めて、その考えを貫く子でした。優しいけれど、芯が強いというか、頑固というか。ぼくに似ていましたね。普段は、今何を考えているとか、こうしたいとか親に話す子ではなかったし、こっちも聞かなかったけれど、自分から切り出すときは、彼の中ではもう決まっている。

高校時代、アメリカに行きたいと言い出したときもそうでした。家族全員で反対しましたが、どうしても行きたいという心情はよくわかるし、その熱意がこちらに伝わってくるから、最後には自分のしたいことはしたほうがいいんじゃないか、ということになったんです。もっとも、決めたら一気に走る子だったから、たとえ反対されたままでも行ったでしょうね。

……十六歳の子どもがアメリカを一人旅するなど、当時は反対する以前の暴挙だったのである。しかし、子どもながらにぼくは真剣だった。やがてたった一人だけ、計画に耳を傾けてくれはじめた人がいた。父だった。本当に行きたいのなら、資金をカンパしてくれるという。サラリーマンの父にとってそれは少ない額ではなかった。そして子どもの父親としても、多くの人から批判を受ける中での賭けだったのだろう。

（「十六歳のとき」『旅をする木』より）

そういう情熱が、写真を撮るときにも出ていると思うんですよ。ここと思った山に、セスナで送ってもらって入る。そしてひとりでテントを張って、好きな本を読みながら、ひたすら時機を待つ。いつ出合えるのか、はたして出合えるのか……。そして動物が現れると、その動物の後を幾日もついていく。「おれはべつにあやしいものじゃないよ」という印象を与えて、時間をかけて近づいていく。そんな苦労をしても思うような写真が撮れないときもあったようだけれど、その撮影行自体を楽しんでいたんじゃないかなあ。彼にとっては、ちっとも苦労じゃなかったんだろうね。

アラスカ山脈でオーロラを撮影したときも、最初はパイロットに危険だと止められたんだけど、きちんと説明して納得してもらい、一カ月間、厳冬期の山にひとりでこもった。寒さや凍傷と闘いながら。でも、撮れたのはたった一度。しかも山に入ってから二十日後のことだったというんですからね。だからこそ、出合えたときは、手放しで喜んだようです。

一年の半分近くをテントで暮らす——そんな生活を長年続けているうちに、道夫の書く文章もしだいに変わっていった、そんな気がします。はじめのうちは、自分の見た情景をこまやかに表現していたように思うけれど、だんだんと哲学めいた言葉が出てくるようになった。ひとりテントの中で、何日も何日もいろいろなことを考え、動物たちに出合って、そうした時間を過ごすうち、大きな自然の中で生かされている自分に気づきはじめた。そしてそれが、道夫の書くものにも投影されていった……そうだったんだろうと思うんです。今となっては、想像するしかないんですけどね。どこからこんな言葉が出てくるのかなあ、と思いましたよ。

道夫の写真には、ひとつの型があるんでしょうね。闘っているシーンは数えるほどで、親子の写真が多い。それから動物がどこにいるか探さなくてはわからないような写真。道夫らしい撮り方だと思います。ぼくは、ムースが湖の中にぽつんと写っている写真（86ページ）がいちばん気に入っています。ひきのばして玄関に飾ってあるんですよ。

本が少しずつでも売れるようになるまでは、わたしたちも大変でしたよ。だって、アラスカから電話がくれば、翌日にはもう銀行へ飛んでいって、送金手続きですからね（笑）。だからといって、そんなに苦労させられたとは思っていませんでしたけれど、道夫にすれば、人一倍面倒をかけてしまったから、恩返ししなくてはと思っていたのかもしれません。どうにかやっていけるようになったころから、日本にもどって

冬のキャンプ生活で、スキーとスノーシューは欠かせない。1990年ごろ。

くると、出版社の人にごちそうになったあの店がおいしかったから行こうなんて、よく誘ってくれるようになりました。

道夫がアラスカに家を建てたころから、わたしたちも夏には毎年出かけていって、何度か撮影に同行したことがありました。いつだったか、湖にムースがいて、そうしたら車を降りて、カメラかついで、さっさと行ってしまった。いくら待っても帰ってこない。親がいっしょだというこ となんてすっかり忘れている。撮影となったら、ムースの都合は考えても、親の都合なんて考えない(笑)。ねばりを通り越してしつこい。その集中力といったら、もうあきれるやら、感心するやらでした。

一般的にいう寿命からすると、道夫の人生は短かったかもしれません。撮りたいもの、書きたいことがもっともっとあったと思います。でも、自分の好きなことをやっていこうと決めて、その道を歩いた…極めて密度の濃い人生を生きたのだから、あの男は幸せだった、と思います。(談)

三代目の頑固者(?)翔馬の誕生。左から逸馬、直子、妻・八千代、道夫。1994年。

星野道夫エッセイと写真キャプションの
出典は次のとおり。
(一部、抜粋・改題したものもある。)

写真集『グリズリー』(平凡社・一九八五年)
写真集『MOOSE』(平凡社・一九八八年)
写真集『アラスカ 極北・生命の地図』(朝日新聞社・一九九〇年)
エッセイ集『イニュニック[生命]』(新潮社・一九九三年)
エッセイ集『アラスカ 光と風』(福音館書店・一九九五年)
エッセイ集『旅をする木』(文藝春秋・一九九五年)
写真絵本『ナヌークの贈り物』(小学館・一九九六年)
エッセイ集『長い旅の途上』(文藝春秋・一九九九年)

協力　星野直子
ブックデザイン　コードデザインスタジオ
地図製作　蓬生雄司
製版　小保方光男(凸版印刷)
校閲　江畠令子
編集　大塚和子
　　　庄野三穂子(小学館)

1984年	昭和59年	32歳	アラスカ山脈のルース氷河源流に入る。ハバード氷河の撮影。
1985年	昭和60年	33歳	写真集『グリズリー』（平凡社）を刊行。（2002年にライブラリー版刊行）
1986年	昭和61年	34歳	第3回アニマ賞受賞。エッセイ集『アラスカ 光と風』（六興出版）を刊行。
1987年	昭和62年	35歳	『NATIONAL GEOGRAPHIC』に「Alaskan Moose」を発表。
1988年	昭和63年	36歳	写真集『MOOSE』（平凡社）を刊行。
1989年	平成元年	37歳	『週刊朝日』（朝日新聞社）で「アラスカ　風のような物語」を1年間連載。
1990年	平成2年	38歳	第15回木村伊兵衛写真賞受賞。写真集『Alaska 極北・生命の地図』（朝日新聞社）を刊行。
1991年	平成3年	39歳	写文集『Alaska 風のような物語』（小学館）を刊行。（1999年に文庫版刊行）
1993年	平成5年	41歳	5月—結婚。 ベーリング海のアリューシャン列島に出かけて花と海鳥を中心に、オットセイ、ホッキョクギツネなどを撮影。 エッセイ集『イニュニック［生命］』（新潮社）を刊行。（1998年に文庫版刊行）
1994年	平成6年	42歳	写真集『アークティック・オデッセイ』（新潮社）を刊行。 11月—長男誕生。
1995年	平成7年	43歳	『アラスカ 光と風』に新たに1章を加筆して刊行。（福音館書店）エッセイ集『旅をする木』（文藝春秋）を刊行。（1999年に文庫版刊行）
1996年	平成8年		写真絵本『ナヌークの贈り物』（小学館）を刊行。 8月—ロシア、カムチャツカ半島クリル湖畔で、ヒグマに襲われ急逝。享年43歳。
1998年	平成10年		写真集『星野道夫の仕事（全4巻）』（朝日新聞社）を刊行。
2003年	平成15年		4月—展覧会「星野道夫の宇宙」を東京・松屋銀座にて開催。以後全国を巡回。

星野道夫年譜

1952年|昭和27年	9月27日―千葉県市川市に生まれる。
1968年|昭和43年|16歳	慶應義塾高等学校入学。
1969年|昭和44年|17歳	夏、アルゼンチナ丸で、ロサンゼルスへ。約2カ月間、ヒッチハイクをしながらアメリカを一人旅。
1971年|昭和46年|19歳	慶應義塾大学経済学部入学。探検部に入部する。
1972年|昭和47年|20歳	アラスカ北極圏にあるシシュマレフという村に、滞在を希望する手紙を出す。
1973年|昭和48年|21歳	4月―シシュマレフ村から返信。 夏、はじめてアラスカに渡り、シシュマレフ村で、エスキモーの家族と約3カ月間生活をともにする。
1974年|昭和49年|22歳	中学時代からの親友を山で失う。
1976年|昭和51年|24歳	慶應義塾大学経済学部卒業。動物写真家・田中光常氏の助手となり、2年間勤める。
1978年|昭和53年|26歳	1月―アラスカへ。 8月―鳥類学者デイブ・スワンソンの北極圏の海鳥調査に同行。 9月―アラスカ大学野生動物管理学部に入学。
1979年|昭和54年|27歳	春、アラスカ山脈に入る。 大学在学中の4年間、グレーシャーベイ、カトマイ、デナリなど、アラスカ各地を歩きまわる。
1981年|昭和56年|29歳	『アニマ』(平凡社)に「極地のカリブー　1000キロの旅」を発表。 コディアック島近くの無人島へ。 シシュマレフ村を再訪。
1982年|昭和57年|30歳	2月―厳冬期のアラスカ山脈でオーロラを撮影。 北極圏のエスキモーの村ポイントホープで、クジラ漁に参加、撮影。
1983年|昭和58年|31歳	『アサヒグラフ』(朝日新聞社)に「極北の自然と動物たち」を発表。『アニマ』に「MOOSE・アラスカ動物探検記」を発表。『Smithonian』に「The Summer―Long bachelor party on Round Island」と題し、セイウチの写真を発表。

本書のプロフィール

本書は、星野道夫の一九八一〜九六年の発表作品とエッセイを、新たに編み直し構成した文庫オリジナルです。

小学館文庫

アラスカ 永遠《えいえん》なる生命《いのち》

著者 星野道夫《ほしのみちお》

二〇〇三年六月一日 初版第一刷発行
二〇二五年四月二日 第七刷発行

発行人 庄野 樹
発行所 株式会社 小学館
〒一〇一-八〇〇一
東京都千代田区一ツ橋二-三-一
電話 編集〇三-三二三〇-五九五九
販売〇三-五二八一-三五五五
印刷所 ——— TOPPAN株式会社

ISBN4-09-411192-1